知识生产的原创基地

BASE FOR ORIGINAL CREATIVE CONTENT

颉腾商业

JIE TENG BUSINESS

MEMORY PALACE MASTER

OVER 70 PUZZLES TO HONE YOUR POWERS OF OBSERVATION AND RECALL

记忆宫殿

磨炼观察力
和记忆力的谜题游戏

[英] 加雷斯 · 摩尔 海伦娜 · M. 盖勒森 / 著
（Gareth Moore） （Helena M. Gellersen）
吴晓倩 / 译

中国广播影视出版社

图书在版编目（CIP）数据

记忆宫殿：磨炼观察力和记忆力的谜题游戏 /（英）加雷斯·摩尔，（英）海伦娜·M. 盖勒森著；吴晓倩译. -- 北京：中国广播影视出版社，2023.5

ISBN 978-7-5043-9005-9

Ⅰ. ①记… Ⅱ. ①加… ②海… ③吴… Ⅲ. ①智力游戏 Ⅳ. ① G898.2

中国国家版本馆 CIP 数据核字 (2023) 第 055038 号

记忆宫殿：磨炼观察力和记忆力的谜题游戏

[英] 加雷斯·摩尔（Gareth Moore）　海伦娜·M. 盖勒森（Helena M. Gellersen）　著
吴晓倩　译

策　　划　颉腾文化
责任编辑　余潜飞　邢秋萍
责任校对　龚　晨

出版发行　中国广播影视出版社
电　　话　010-86093580　010-86093583
社　　址　北京市西城区真武庙二条 9 号
邮　　编　100045
网　　址　www.crtp.com.cn
电子信箱　crtp8@sina.com

经　　销　全国各地新华书店
印　　刷　石家庄艺博阅印刷有限公司

开　　本　880 毫米 ×1230 毫米　1/32
字　　数　50（千）字
印　　张　5.75
版　　次　2023 年 6 月第 1 版　2023 年 6 月第 1 次印刷

书　　号　ISBN 978-7-5043-9005-9
定　　价　55.00 元

献给我的家人，献给安德里亚

感谢乔恩·西蒙斯，感谢剑桥大学记忆研究室

—— 海伦娜·M. 盖勒森

目录 Contents

引言 001

第一章　视觉记忆 019

第二章　言语记忆 049

第三章　长期记忆 081

第四章　记忆宫殿 119

参考答案 171

引言

人脑

人类对其大脑的研究一直充满各种各样的幻想和争议。尽管亚里士多德[①]认为人脑只是冷却血液的地方，但后来，科学家渐渐意识到它其实是人类智力的发源地。迄今为止，人脑依旧是个让我们捉摸不透的谜。我们已经成功绘制了人类基因组图谱，这张图谱让我们了解自己，了解“人为何为人”，然而对激发脑内思想的复杂神经通路，我们知之甚少。

不过在20世纪，我们对感官（如视觉和听觉）和认知能力（如记忆力）的认识取得了重大进展，这进一步向我们指明了高效学习的方法。本书中的谜题基于这些与人脑相关的研究而设计，能帮助你更好地运用记忆力提升效率。

天性使然

人脑最迷人的能力之一在于它能将我们经历过的种种存入记忆中，并从中汲取经验和教训。在算算术、下象棋时，计算机或许更胜一筹，但在人类已知的世界里，还没

---

① 亚里士多德，古代先哲，古希腊人，世界古代史上伟大的哲学家、科学家和教育家，堪称希腊哲学的集大成者。——译者注

有一个系统能像人脑那样以同样的复杂程度和效率同时执行多项复杂任务。人脑中数十亿个细胞（神经元）及其之间的连接在我们不经意间持续交换着信号，让我们能够同时感知来自多种感官的信息，比如我们在与朋友和同事互动的同时安排晚餐，而这一切似乎不费吹灰之力便能完成。当忙碌的一天结束，在刷牙洗漱、准备睡觉的时候，我们对当天发生的许多事情仍记忆犹新。

这种铭记往事的能力是人类最重要的天性。它让我们能回首过去，联结当下和从前；它赋予我们一种延续感，让我们能够重温那些幸福或糟糕的经历；最重要的是，它将我们与我们的亲人一同置入一段经历之中。我们都知道，没有比与多年未见的老友重新坐下来一起回忆过去那些精彩纷呈的经历更棒的事了。另外，与悲剧有关的集体记忆也能增强各国人民的凝聚力，让我们团结在一起，我们之中的许多人甚至还清楚地记得这些悲剧发生的详细过程。没有记忆、没有共同的经历，我们就无法与周围的人建立起联系，痴呆症之所以如此骇人，也是因为它会侵蚀人的记忆，割裂我们与他人建立的纽带。

这与谜题有什么关系

记忆并不仅仅局限于一种类型，它是多面的。有些记忆只能维持很短的时间，转瞬即逝，因为它们可能只包含单一的视觉信息（如图像），或者单一的言语信息（如一句话）。有些记忆则是极其生动的，因为它们包含着丰富的细节。正是这些记忆构成了你的知识网络，即便这是来自几十年前的记忆。需要强调的是，人脑的不同功能区域分管着不同类型的记忆，比如，一些脑区负责在短时间内储存信息，形成短期记忆；而其他脑区则负责在长达数月的时间内记住这条信息，形成长期记忆。

人脑的记忆系统各不相同，针对短期记忆和长期记忆自然就有不同的训练策略。为了帮助你深入了解这些策略，本书分成四章。在前两章中，会有大量针对言语和视觉记忆技巧而设计的谜题，以便训练你的短期记忆。接下来是针对长期记忆技巧进行训练，同时强化短期记忆，以便你在日后需要时可以随时回想起来，书中的谜题也会逐渐变得更具挑战性。在第三章中，你将会学习一系列的记忆策略。在最后一章，你会了解到这些不同的策略是如何相互补充、共同发挥作用的，并将前面所学的内容提升到一个更高的水平。

集记忆术之大成：记忆宫殿

在完成了增强短期记忆和长期记忆的针对性练习后，我们希望你能掌握所学的内容，如此一来你就做好了进入记忆宫殿的准备。记忆宫殿是一种古老的记忆术，深受专业记忆大师们的青睐，包括那些参加世界记忆锦标赛的“记忆运动员”。这种可视化的记忆策略能够帮你调动在前三章中学到的所有技巧，并将其整合在一项终极的记忆练习中，让你能够建立起自己的记忆宫殿。

老话常说：百闻不如一见。记忆宫殿的核心技巧正基于此。图像是记忆宫殿的主要构件，从本质上讲就是让你把你的记忆变成精细的图像，然后放置到一个三维环境中，这样你就可以随时折返，在你的思维空间中游荡，从一个记忆点走到另一个记忆点。2500 年前，古希腊诗人西摩尼得斯[①] 首创了记忆宫殿法，许多先贤名士用这种方法记住了他们冗长的演讲稿，同时确保自己能随时从脑内调取所需的信息。因此你还可以随着本书追上古希腊圣贤们的脚步。

协同合作

想象一下你正在欣赏一场交响音乐会，所有的乐器合奏出一段和谐悦耳的旋律。现在，想象一下你只听得到鼓点声，光听鼓点你没法辨认出现在演奏的到底是哪个乐章，只有将鼓点融入乐团的其他乐器演奏出的旋律中，方

① 西摩尼得斯（Simonides），约前 556—前 468，古希腊诗人，代表作《悲歌》《温泉关凭吊》。——译者注

能成就优美的乐曲。你的大脑就是乐团指挥，将不同类型的信息，包括视觉、听觉、语言、情绪等，一一进行整合，最终将它们存入记忆中，就像是乐团演奏出的悠扬交响曲。换句话说，这就是整体大于部分之和。那么这个大脑乐团的乐手们又是谁？人脑中有多个负责记忆过程的区域，通过本书，你会了解到一些关键的角色，比如能够形成新的持久记忆的海马体[①]，又或是可以将信息保存在短期记忆中，以便随时调用的前额叶皮层[②]。

长期记忆

长期记忆是个可储存大量信息的百科全书式系统，包含了你所使用的全部词语以及你对周围世界的认知，又被称为“语义记忆”。它让我们能够将意义附加到所见、所听、所感上，从而理解这个世界。比如，我们都知道椅子的样子和用途，脑内已经形成了一个关于椅子定义的抽象概念，尽管这世界上有着成千上万种不同样式的椅子，但我们都知道，它们都属于同一概念物体的不同变体。

---

① 海马体（hippocampus），又名海马回、海马区、大脑海马，海马体位于大脑丘脑和内侧颞叶之间，属于边缘系统的一部分，主要负责短时记忆的存储转换和定向等功能。——译者注

② 前额叶皮层（prefrontal cortex），其功能是帮助人们记忆，与人们的行为意志、行为决策以及情绪控制能力有关。——译者注

语义记忆同样负责储存你所学到的事实知识，如“恺撒大帝是罗马共和国的领导人”“巴黎是法国的首都”等，正是这种类型的记忆帮助你完成了那些填字游戏、字谜。尽管掌握了这些语义知识，你往往不记得你是从哪儿学到这些知识的，通常也不需要记住这一点，因为在大多数情况下，记住学习某种知识的背景对于记忆该知识本身并没有帮助，这也使得这些事实知识成为构建记忆宫殿的绝佳材料，因为你可以把它们变成一个单一图像，并将它们储存在想象的宫殿中——恺撒大帝可能成为你的记忆宫殿中壁炉架上的大理石半身像。

相比语义记忆，“情节记忆”的背景更加丰富，它包括了个人每段生活经历的发生时间、地点、人物和内容。归根结底，这种情节记忆组成了我们的自我意识，它让我们能够回忆，能够身临其境地重温那些过去的经历，它将构成一段经历的场景、声音、气味、思想编织在一起，比如你在庆祝上一个生日时吃的蛋糕、在圣诞节拆的礼物、和你的朋友庆祝毕业以及和你伴侣的初遇。

虽然人脑的各个区域密切协作，但人脑中储存常识和语义知识的区域在很大程度上与那些能让我们重温过去的区域是分开的。记忆宫殿法成功的关键就在于不同区域之间的协作：情节记忆系统能够将一个事件的碎片组合成一个完整生动的场景，正是这种能力能够帮助我们组建记忆宫殿，记住诸如“恺撒大帝是罗马共和国的统治者”之类的事实，甚至记住他统治罗马共和国的年份。

短期记忆

不同于我们庞大的长期记忆库，短期记忆是将你刚刚听到、读到或看到的东西暂时记在心里的能力，没有它，你就无法记住书中的故事情节，思想也无法变得连贯，你会忘记刚才你读到的最后一句话，甚至现在这句话的开头。储存在短期记忆中的信息如果不被调用或者存入长期记忆库中，就会在几秒之内迅速消失，短期记忆的容量是有限的，甚至有限到不管在什么时候，大多数人都很难记住超过七个随机数字的确切顺序。

短期记忆系统可依据储存信息的类型进行分类。处理视觉信息的脑区同样有确认身份、辨认物体的作用；处理声音和语言的脑区能够帮助我们短暂地记住言语信息。接下来你也会看到储存不同类型信息的例子。最重要的是，由这些不同区域处理的所有短时记忆会汇聚在一起，以便你能够辨别周围的环境。如果你学会了如何调用这些不同的记忆内容，并用其来支持某项任务，那么这些内容之间存在的联系就可以促进短期记忆的发展。例如，当你把数字想象成某个脑内图像的一部分时，记住它们就不算什么难事了。

不过，仅仅把信息保存在临时存储器中是远远不够的。我们还需要积极主动地调用这些信息，以便应对周围不断变化的环境，这就需要我们对这些短期储存的信息进行整理，对其重要程度进行排序，并将之与来自语言、视觉和空间系统的信息碎片结合起来。这种对短期记忆内容的积极调用就是“工作记忆”。

工作记忆是人脑的功能之一，用于监控人类自身的行为，这些“执行功能”就如同“交响乐团的指挥”，让我们能够控制自己、做计划、适应不同的情况、解决问题。简单来说，工作记忆管理着储存在短期记忆中的信息。关于短期记忆和工作记忆的区别，有个最直观的例子：按照相同的顺序重复你刚刚得到的电话号码比按倒序重复要容易得多，因为如果你按倒序重复，你的工作记忆必须在记住原始序列的同时对数字进行重新排序。

在构建记忆宫殿时，你的工作记忆会在你的脑海中启用多个不同的信息片段，换句话说，记忆宫殿如何建造是由你自己决定的，你可以自己选择图像，将你想记住的信息可视化。你的工作记忆则负责把这些拼图拼在一起，以便随后将它们储存到长期记忆中。

发生在驾驶中的记忆过程

上述所说的不同记忆类型似乎有些抽象，实际上，驾驶的过程就是你的短期记忆、工作记忆与长期记忆储存系统协同工作的绝佳范例。

当你在观察后视镜时，视觉系统就捕捉到了一个图像，即当你把注意力转移到车后的东西上时，大脑同时也记住了在你车前的东西，与此同时，你的空间短时记忆系统还能帮你记住在你周围移动的其他所有物体的位置。如果你开了导航，短期言语储存系统就负责记住这些导航指令，如果你记得路，那么此时发挥作用的就是你的长期记忆储存系统。你的工作记忆则同时调用所有这些信息，让你能快速对眼前的环境做出反应，并思考下一步的行动。如果在开车过程中有意外情况发生，执行功能则会帮助你迅速应对突发挑战。

对许多人来说，开车可能并不是什么难事，随着科技的发展，自动驾驶也变得越来越普遍。但是当我们认真审视这一过程涉及的记忆任务时，就会发现人脑在这其中要处理的信息之多，各个系统协调过程之复杂，甚至连机器都尚未完全掌握（至少目前还没有）。记忆宫殿法并不会真的要求你开着车从一个地方行驶到另一个地方，但它会利用我们记住地点、找到地点的能力，为后续生成持久性的记忆打下基础。

执行功能

我们将人脑所具备的一系列能力统称为执行功能，工作记忆只是其中的一种，它起着监控调试的作用，让我们能够审视周边的环境、合理分配注意力、不断学习新的知识，并且相应地调整我们的行为。需要注意的是，我们的大脑并非完全理性，我们依旧被大脑中许多无意识的过程影响着，拥有执行功能只是说明我们有自省的能力——尽管我们并不经常审视自己。

执行功能与人脑中的各个区域都有联系，但与前额叶皮层（也就是你额头后面那一块）的关系最紧密。随着人类的进化，前额叶皮层也在不断扩大，与其他动物相比，它在人脑中的占比要更大一些。当我们步入不熟悉的环境中时，当我们要迎接挑战时，当我们需要抑制某些反应时，当事与愿违时，当我们需要学习某些新技能时，执行功能就尤为重要。

不论我们是要计算一道数学题、熟悉一套新的公共交通系统、策划一个新项目、抵御商店货架上巧克力的诱惑，还是要按照一套复杂的（有时甚至是不可能的）指令来组装宜家（IKEA）的床，执行功能都能帮你解决。要理解并

> 应用本书中与记忆策略相关的信息对你的执行功能将是个挑战，但熟能生巧，用不了多久你就会觉得轻松不少。

如城市般的大脑

之前我们拿开车举了例子，知道了所有独立的系统都需要协同合作，但如果这些参与记忆过程的系统一刻不停地与对方“交谈”，情况又会变得混乱不堪。我们的大脑就会像一个人满为患的派对，嘈杂无章的噪声充斥着整个房间，这个时候要听懂每个人分别说了些什么不亚于天方夜谭。如何避免这种状况？答案就在人脑的结构中。

把你的大脑想象成伦敦、纽约、东京和柏林等国际大都市里的公共交通系统，其中的各个子区域在特定领域都各有所长，比如运动、视觉、做规划、短期记忆和长期记忆等，它们之间的联系也不尽相同，通过在多个独立的专门网络下相互作用，以实现某些特定的功能，就像城市交通网络中沿着同一条线路分布的不同车站。社会中形形色色的人可以形成富有凝聚力的不同社会群体，并在其中与同盟分享更多的信息——人脑中的不同脑区也是如此。

这种结构能够减少不同种类信息对人脑的干扰（包括

视觉干扰和听觉干扰等），让我们能够全神贯注，从模棱两可的聊天内容中挑出一些可理解的东西。但同时，这种结构也意味着如果同时面对两种相似的输入，比如有两个人同时对你说话，要理解这两个人的意思就有些困难了。而当输入内容没有共通性时，不同的脑区可以减少相互间的干扰，这就是为什么你能边开车边说话。这一点对短期记忆而言尤其重要，多信息流之间的相互干扰会加快我们的遗忘进度。

当然，不同脑区之间不可能完全割裂，否则人脑中的视觉信息与听觉信息就没法互通了，这样你就没法判断你听到的声音是不是坐在副驾驶的那位朋友的。在我们大脑中描绘心理图像的脑区和赋予听觉语言意义的脑区可以互相交流，这要归功于一些充当沟通枢纽的脑区，它们是人脑各子区域连接的接口。你可以把这些枢纽想象成一些大型火车站，比如国王十字车站[①]或纽约的中央车站[②]，它们连接着不同的火车、地铁线路，或者换种说法，这些枢纽就像是那些组织派对的关键人物：他们对大家的动向了如

① 国王十字车站（King's Cross Raiway Station）是位于伦敦的一座重要火车站，于1852年启用。——译者注

② 纽约中央车站（Grand Central Station）位于美国曼哈顿中心，始建于1903年，是纽约著名的地标性建筑，也是一座公共艺术馆，同时还是纽约铁路与地铁的交通中枢。——译者注

指掌，并且能驾轻就熟地与来自不同团体的人交谈。

以上这些知识能够帮助科学家们更好地理解为什么一个比中等大小的甜瓜还轻的器官能够如此高效地将无数的信息整合、协调成“一曲复杂的交响乐”，这也是本书的理论基础。接下来你就会知道这些枢纽在帮助你建造记忆宫殿时所起的作用。当你学习了新的记忆策略（比如本书中的记忆宫殿法），负责整个记忆过程的脑区之间的交流方式最终也会随之改变。

大脑健康与大脑训练

每个人都希望有个健康的大脑，特别是当我们年老时，记忆力也会随之衰退。保持大脑健康、保持良好的记忆力没有捷径，我们都希望某种神奇的药丸或糖块能一劳永逸地提升脑力，有种灵丹妙药能治愈痴呆症、延缓衰老，可真实的情况往往更加复杂和微妙。不过天无绝人之路，有很多方式都能够锻炼我们的大脑，比如保持体育锻炼、保证健康的饮食和良好的睡眠、尝试新事物等都有助于提升记忆力，让大脑在年老后依旧保持健康状态。

如何训练你的大脑

维持认知能力最有效的方法就是学习新东西，谁说年龄大了就学不会新东西？人脑的潜力是无穷的，随着年龄的增长，学习可能会变得有些困难，但新的记忆策略仍可以帮助你更有效地提升记忆力。不过在开始学习之前，我们先要了解一些基本的注意事项。

热情是不可或缺的。如果某项任务对你来说是有趣的，如果在进行这项任务时你心情愉悦，如果你能将周围的干扰降至最小，那么你的工作效率将会大大提高。

维持一定的挑战性。人脑更倾向于进行一些常规的操作，当你感到某项任务不再有难度时，你就到达了一个平台期，是时候更进一步了。这就相当于你在健身房锻炼，想要增肌、提升耐力，一旦你的锻炼变得轻松，就需要继续增加重量、调快跑步速度、增加跑步里程。我们会从基本的谜题开始，在熟悉了记忆训练背后的原理后，你就会逐渐开始挑战更难的谜题，循序渐进直到你有能力构建自己的记忆宫殿。

追求多样。大脑喜欢多彩纷呈，而非单一重复的东西。进行认知能力训练的最大挑战就是将学到的技能的运用从一项任务转移到另一项仨务，对此最普遍的规则就是“所练即所得”。或许你很擅长填字游戏，但不擅长记忆事实，那么通过不同种类、相互补充的练习活动，从而不断学习新的记忆策略，你就能在记忆方面更进一步。

保持耐心。练习是需要时间的，如果你不想拘泥于书本上的谜题，就要将之付诸实践。如果刚刚学习的东西对你来说很容易，那就试试在现实中应用一下，从简单的开始，比如在杂货店购物时利用谜题中的一些方法把你的购物清单记在脑子里。通过不断的练习，你就能在无形之中将学到的东西渗透到你生活的方方面面。一开始这样做或许会很困难，但相信自己，你的大脑在学习方面有着无限的潜能。

保持状态。你的大脑在不断地处理新的信息，而我们可支配的资源有限，因此遗忘不可避免。当你停止调用所获得的知识时，它通常会渐渐消逝——就像你在中学时期学的外语，虽然曾经学过但已许久未用。复习在此时显得尤为重要，它能帮你巩固所学的知识。

现在你已经了解了有关人脑及其记忆系统的一些基础知识，希望接下来通过一道道谜题，你能够意识到头脑中的那个管弦乐队、那个复杂的城市系统是如何工作和学习的。出色的记忆能力仰仗大量的练习，有些人或许中了“记忆彩票”，在记忆方面天赋异禀，但本书中的谜题将教会你如何在不同的记忆系统中组合信息，巩固记忆。在

引言

遇到困难时，请记住：不论何时，你的大脑都是用来学习的，你建造记忆宫殿的方式将直接影响记忆系统的组建，或许你没法像那些记忆大师们那样把记忆宫殿建得精巧又复杂，不过即使只是一座小小的宫殿，那也是你亲手铸就的杰作！这会是一个很好的开始！

海伦娜·M. 盖勒森

第一章
视觉记忆

视觉记忆

在进行记忆力训练之前，我们首先要澄清一些误解。总有些人觉得自己的记忆力天生就差。的确，有些人在记忆力方面天赋异禀，有些人则天赋平平，但这都不是一成不变的。同样，在谈论到衰老对记忆力的影响时，大多数人的第一反应就是衰老会使记忆力退化，实际上衰老确实对记忆力有负面影响，但这条规律并非对所有人都适用。我们一生的记忆轨迹因人而异，因而即使你已经不再年轻，也能从本书中受益。

或许你赞同上述的那些悲观想法，这就意味着你不太相信自己能通过训练增强记忆力，要知道记忆力包含了一系列技巧，这些技巧是可以通过练习而巩固、发展的；又或许你已经理解了这一点，否则你也不会拿着这本书。不管怎样，希望“记忆力可以通过练习而增强”这一点能激励你，让你在接下来的训练中持之以恒。

在进行第一个练习之前，请你先停下来想一个日常生活中经常困扰你的记忆问题，现在开始吧。

如果浮现在你脑海中的是“我总记不住某个人的名字”，这并不稀奇，这实际上是人们最常遇到的记忆问题之一。但无论你想到的记忆问题是不是这个，在下面的章节中，都请牢牢记住你此刻脑海中的这个问题，并思考一下如何利用在练习过程中学到的记忆技巧解决这个问题。

制定策略

那些经久不衰的经典记忆策略归根结底可以分为四种：视觉化、联想、归纳整理以及最终的重复，以确保短期记忆的储存，进而形成真正持久的长期记忆。有很多种方法可以将外界的信息存入记忆中，如何在其中选择最有效的方法，往往取决于信息的类型——是视觉信息还是言语信息？篇幅是长是短？是个有情节的故事，还是报纸上的文章？在接下来的章节中，你会针对不同的情况进行不同的记忆技巧练习。

随风而逝

我们周围发生的一切都是转瞬即逝的，从每日清晨醒来的那一刻起，世界就分秒不停地向我们抛出新的信息。短期记忆让我们能够将刚刚发生的事情留在脑海中，即便那件事已经过去了。正是这种能力让我们从一个时刻走向另一个时刻，连接过去、现在和未来。

对不同类型的信息，我们的大脑相应地有不同的短期记忆储存区，这里我们要强调的是那些负责保存视觉、言语和空间信息的短期记忆储存区。即使我们眼前的实体图像消失了，我们大脑中处理传入视觉刺激的区域也可以让这些信息保持鲜活，比如你在看后视镜的同时也记住了车前方的情况。负责储存声音信息的区域也是如此，这就像是我们听到的声音、看到的图像引发的神经活动的“回声”。

对短期记忆的储存给大脑腾出了足够的时间来处理这些信息，好把它们放到相应的情景中并采取相应的行动。大脑对这些信息进行加工的过程就像解数学题那样，整个过程依赖于你的工作记忆和执行功能（见专栏“执行功能”）。可惜，面对不断变化的外部环境和大脑内部信号（比如我们的思想和许多其他无意识的过程）的持续冲击，我们的大脑可利用的资源是有限的，这使得短期记忆所储存的内容极其易逝。

复述

巩固短期记忆最直接的方法就是言语复述，我们也经常用到这个方法，比如某个人给我们指路的时候，我们会把他的话重复一遍。这种方法能够调动我们的短期记忆，延缓它们的消逝，对记住言语信息和能用言语描述的视觉信息而言都很有用。

当我们读到、听到或看到新事物时，几乎不会仅以视觉图像或文字的形式将其储存在我们的短期记忆中——当视觉记忆短暂留存某个物体的图像时，我们的脑海中很可能也会有相应的文字出现。同样，当我们想记住某个词语时，脑内也经常形成相关的图像，这种言语和视觉上的双重记忆比单一的记忆来得更有效。

因此你会发现，相比需要用多个词语来描述的抽象物体或图像，可用一个词来表示的具体物体或图像更好记。例如，要短暂地记住一连串的面孔或表情符号会很困难，因为你要为它们每一个贴上一个简短好记、易于区分的描述词；相反，如果你能将这些描述词浓缩成可用一两个词概括的独特视觉特征，就更容易记忆。比如，一个表现“退缩不安”的表情（嘴巴是波浪形）可浓缩为“波浪”。善于发现事物独有的特征，并将其作为辅助记忆的工具，这可以大大帮助我们完成记忆任务。这也会帮助你以后练习如何更好地记住新认识的人的名字。

聚光灯下

再次试想一下自己身处一个嘈杂的聚会，而你想要将精力集中于某一个特定的谈话中。我们大脑的记忆系统中也存在着大量的噪声，这些声音来自大脑中每毫秒不断迸发出的新感觉、新想法，以及其他无数的过程。注意力就如同一个聚光灯，能够放大短期记忆中的特定内容，照亮特定的信息，而那些不被关照到的信息则会渐渐隐于阴影中，如果这些信息始终未被聚光灯照亮，它们就会被遗忘。相反，那些始终沐浴在聚光灯下的信息则可以一直活跃在大脑的舞台上。因此在一个嘈杂、拥挤的地方集中注意力会更加困难，当你试图处理多个任务时，短期记忆也会受到影响。

执行功能就像一个开关，对不同类型信息的优先级进行排序，优先级最高的信息也就是最重要的信息。当你需要集中注意力开车时，执行功能就会将车内其他乘客的声音调低，并更多地关注周围的环境，当乘客谈论的话题与你所做的事情相关时，比如他们要去一个陌生的目的地，这时你便可以将他们的谈话重新纳入注意力中。所谓的多重任务处理其实只是大脑快速地在多个任务之间进行切换，优先处理一件事，然后迅速地跳转到另一件事上。有效的多重任务处理更像是痴人说梦，你也许控制住了一切，但注意力的切换转移是有代价的，那就是短期记忆信息的缺失。最终，同时进行两项任务的效率相比只专注做一件事的效率就会大大降低。

要说明注意力对短期记忆的影响有个很好的例子：在一个拥挤、吵闹的办公室里工作比在一个安静的环境中工作要困难得多。周围的噪声让你意识到你在思考，但当你被噪声吸引，你就会忘记你之前想的东西，哪怕只是一瞬间。要在完成本书谜题的过程中把所有的知识记住，就必须抛却干扰的因素。

为记忆腾出空间

在做本书中的练习时，你可以看看自己能利用短期记忆记住多少有固定序列的图像、词语或数字，脑海中能留存的信息数就是你的短期记忆容量——通常来说是三到九个信息块，不过这是可变的。尝试组织一下大脑中储存在短期记忆里的信息，把它们分割成更少的信息块。举个例子，如果通常情况下你只能回忆起四个信息块，那么你就可以把八个信息点压缩到你脑海中的四个信息块中，这样留存在短期记忆中的信息总数就翻了一倍。

将信息点整合在一起，意味着你可以为记忆其他的信息腾出更多的空间，将更多内容存入你的短期记忆中。换句话说，进行“分块”记忆，也就是把多个信息点合并成一个信息块，能让你更有效地利用短期记忆。实际上，这也是接下来进行记忆训练的关键。通过一种更有效的方式利用已有的资源进行工作，掌握这种技巧的人也能够更高效地进行记忆。

在脑海中描绘一幅场景

我们身处在这个世界之中，依靠的主要是视觉。视觉比其他所有感官都要重要，因而我们借助视觉能轻轻松松地回忆起数以千计的事物，或是在脑海中描绘某个细节丰富的场景，并且大多数人都能毫不费力地在脑内生成新的画面。事实上，视觉信息往往比书面或口头的信息更易记忆，因此几乎所有经典有效的记忆策略都涉及某种视觉化的技巧。

进行分块记忆可以从在脑内描绘画面开始，整个画面基于一个总体的架构，你可以往画面中塞很多信息点，不同的信息可以相互映衬，互为背景，这样通过回忆其中的某一项信息，其他信息也会随之涌入你的脑海。比如，如果你想记住“树”“椅子”“皮带”“苹果”和“月亮”这五个看似毫无关系的词，可以选择“树”为中心，围绕一棵树来安排其他词语，“苹果”自然是长在树上，“皮带”可以挂在树枝上，就像圣诞树上的灯饰那样，“椅子”则可以靠在树干上，整个画面仿佛沐浴在月光下。

要描绘出这样不同寻常、令人难忘的画面，一开始可能有点难，但是经过练习你很快就能做到。你还会在本书中学到各种各样用于辅助记忆的可视化技巧，并且你很快就会发现，在增强短期记忆和长期记忆方面，你的想象力大有可为。

1.1 还原图案顺序

先把这页的下半部分盖住，然后试着记住这六个图案的顺序，等你准备好后再把这一页的上半部分盖住。

现在你能想起它们原来的顺序吗？用线把每个图案和表示它们原来位置的方框连接起来。

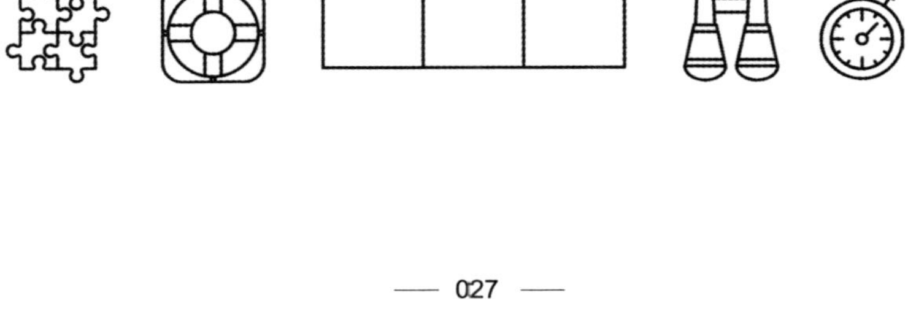

1.2 还原图案顺序（升级版）

与练习 1.1 的步骤一样，这一次你需要记住的图案更多，注意：用于记忆的时间尽量不要超过 30 秒。

现在你能想起它们原来的顺序吗？用线把每个图案和表示它们原来位置的方框连接起来。

1.3 仓促一瞥

先盖住这页的下半部分，再用 15 秒的时间粗略看一下这六个图案，然后再盖住这页的上半部分，看下面的说明。

用线把每个图案和表示它们原来位置的方框连接起来。

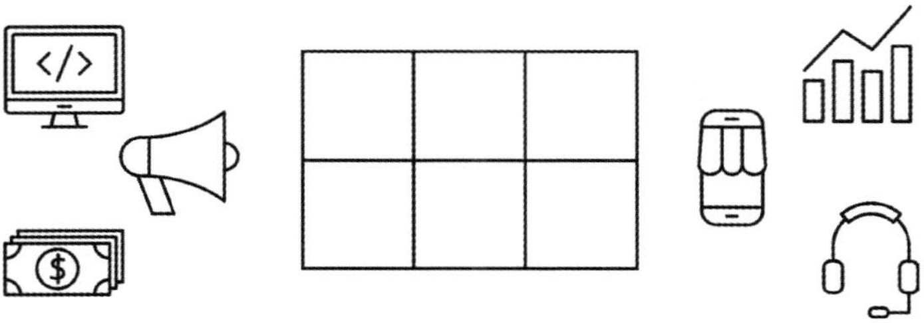

当时间紧迫的时候，练习是不是变难了？

1.4 还原网格图案（一）

记住上面的图案，用多长时间都可以，然后把它盖住，在下方的网格里把图案画出来，越准确越好。

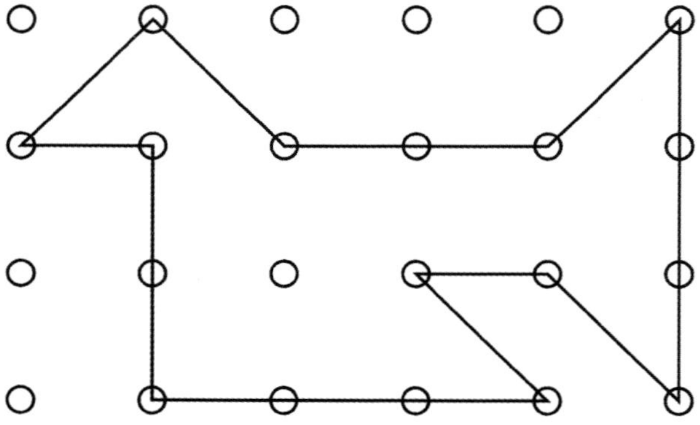

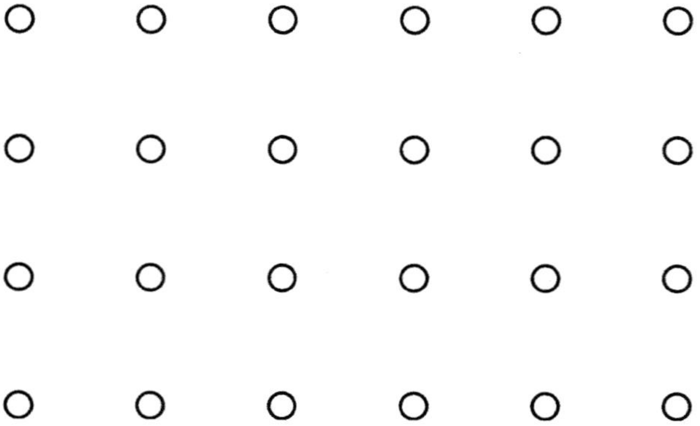

1.5 还原网格图案（二）

记住上面的图案，用多长时间都可以，然后把它盖住，在下方的网格里把图案画出来，越准确越好。

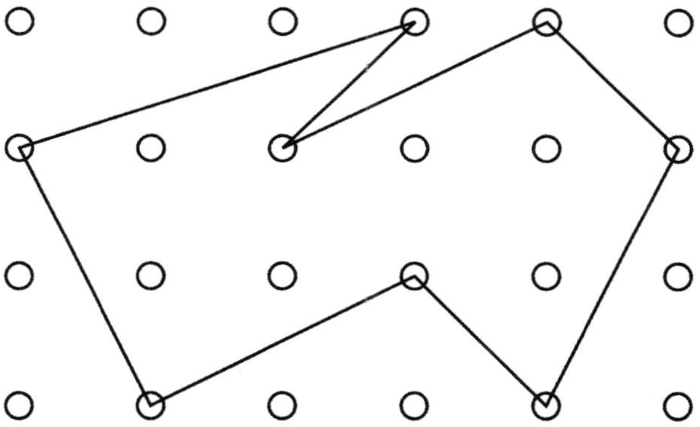

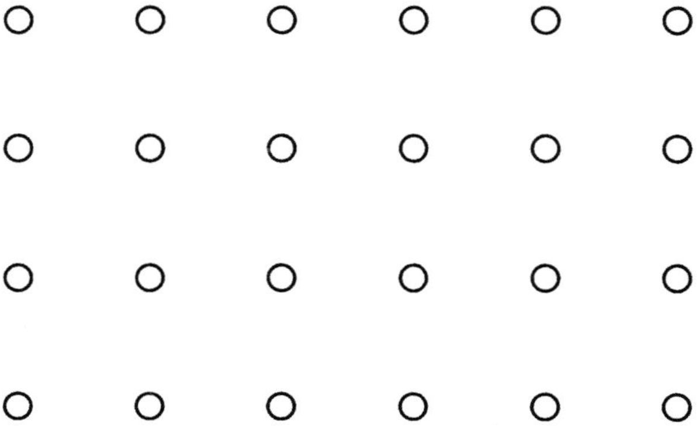

1.6 联想记忆

下面的每个图案都与一个词有关，记住这些图案和词语，并将它们联系起来，然后盖住它们，看看你是否还能准确匹配这些图案和词语。

 ⇨ 暴风雪

 ⇨ 阳光

 ⇨ 下雨

 ⇨ 黑暗

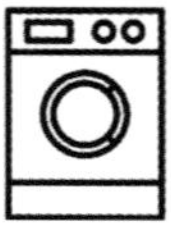 ⇨ 极光

 ⇨ 冰雹

在进行匹配之前，把上半部分盖起来。

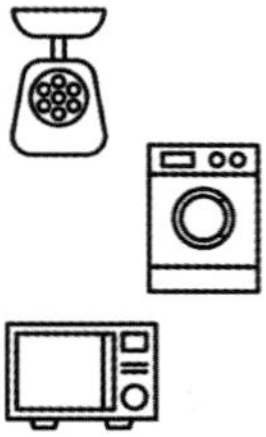

极光	下雨
黑暗	暴风雪
冰雹	阳光

1.7 还原网格阴影

记住左边网格里的阴影部分，接着把它盖住，在右边的网格里还原这些阴影部分。

以同样的方法重复这四个练习。

练习1

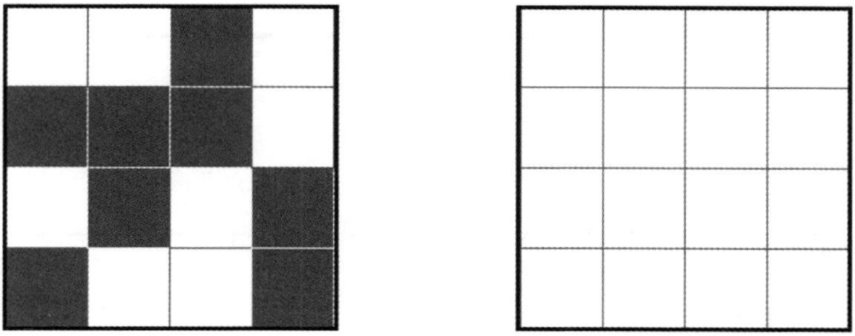

练习2

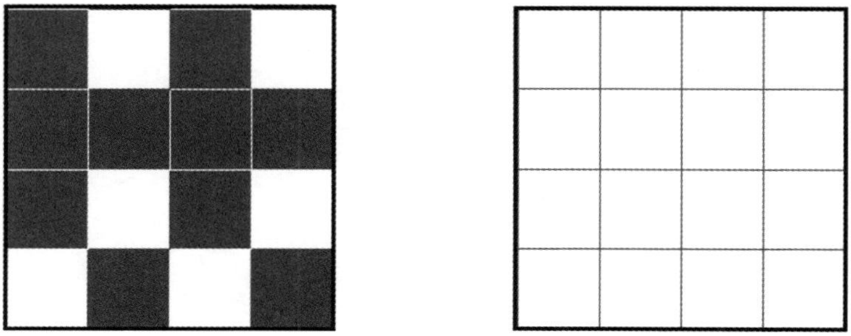

练习3

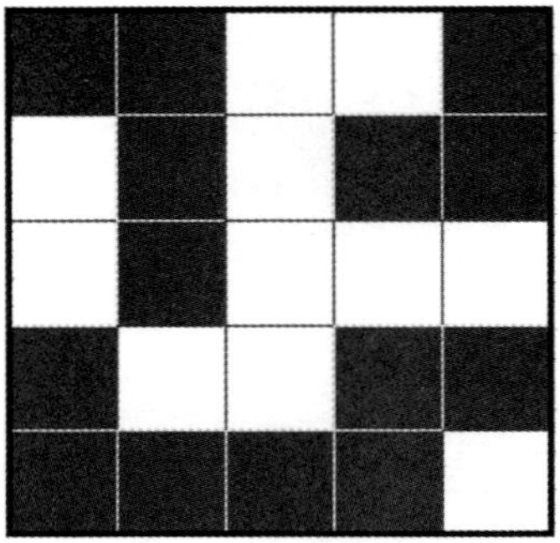

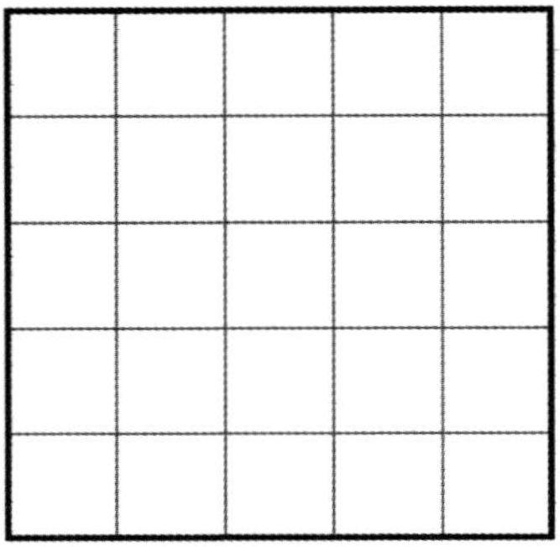

练习4

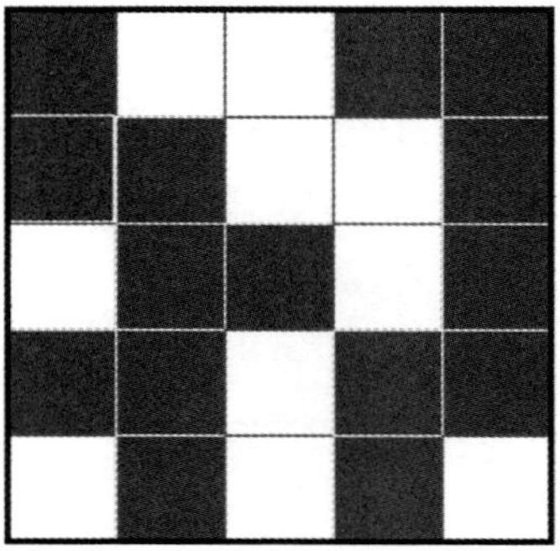

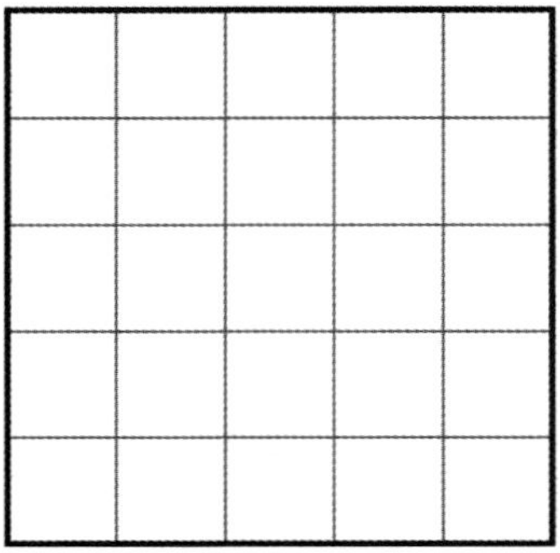

1.8 还原表情图案

记住这些表情图案，然后把它们盖住，看看你能否准确地在下方空白的圆圈里画出这些表情。

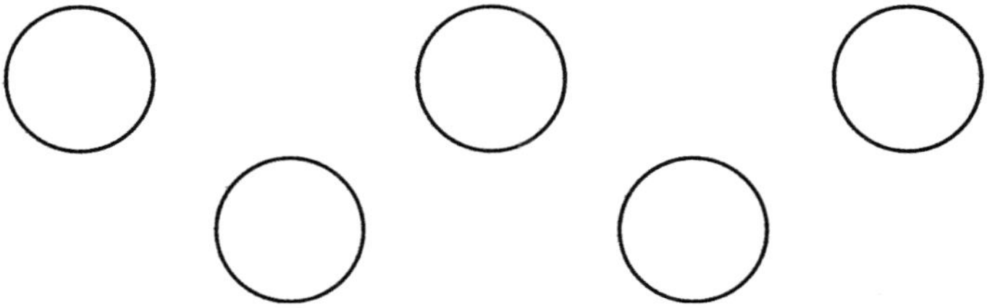

1.9 还原表情图案（升级版）

画出你常用的六个表情符号（可以以练习 1.8 的图片为灵感），然后把它们盖起来，看看你能否准确地在下方的空白圆圈里还原出它们。

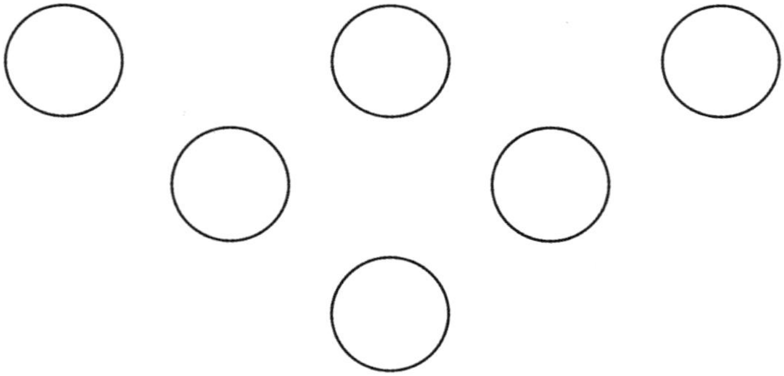

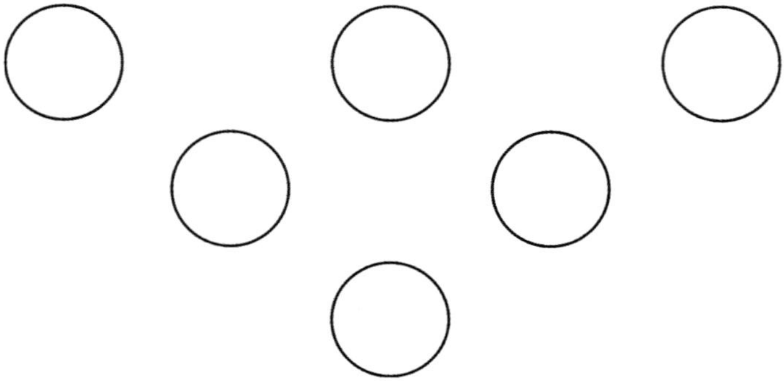

1.10 找出变化的图案

先不要看下一页。下面这些图案都和环境有关，试着记住它们，用时不要超过 1 分钟。准备好后翻到下一页。

下面也有一些和环境有关的图案，有些和上页的图案相同，但同时也有些替换了别的图案。你能把变化的图案圈出来吗？参考答案在本书最后的部分。

1.11 还原图形

先把本页的下半部分盖住，然后试着记住下面网格中的图形。等你准备好后，就进行下面的练习。

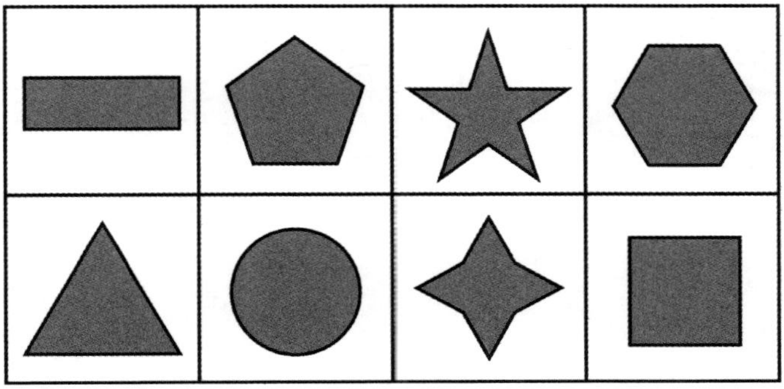

现在把本页的上半部分遮起来，你能在下面的空白网格里画出上面所有的图形吗？

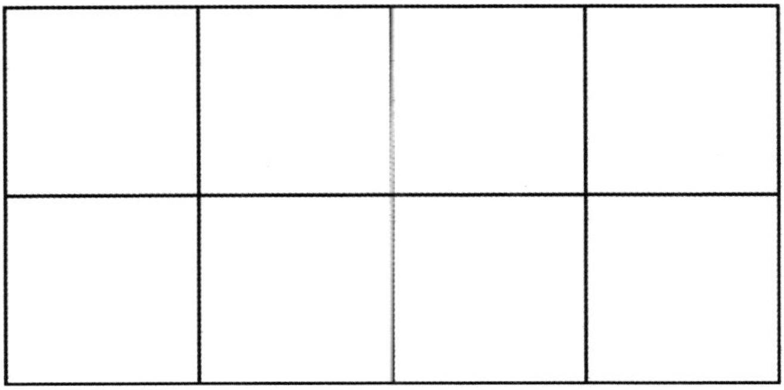

1.12 描述图案

花几分钟看一下这些图案，然后把它们盖上，在一张白纸上尽可能多地描述一下你看到的这些图案。

1.13 记住人名和面孔

记住这些人的面孔和他们的名字，用多长时间都行。准备好后翻到下一页。

达芙妮

西蒙娜

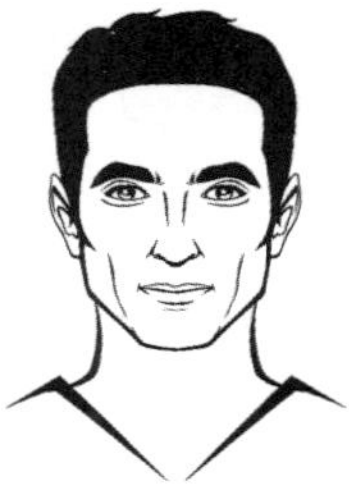

桑吉德

安德烈亚斯

盖特丽

你能在每张面孔下面写出他们对应的名字吗？

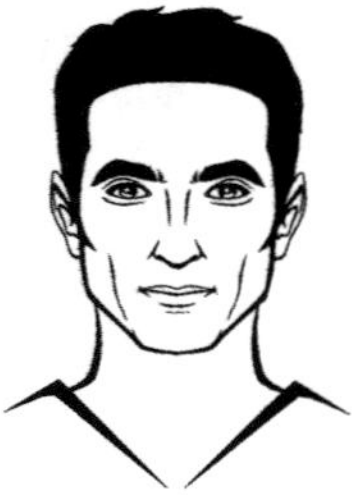

1.14 还原网格图案（升级版）

记住本页上半部分的图案，用多长时间都可以，然后把它盖起来，在下面的网格里把它画出来，越准确越好。

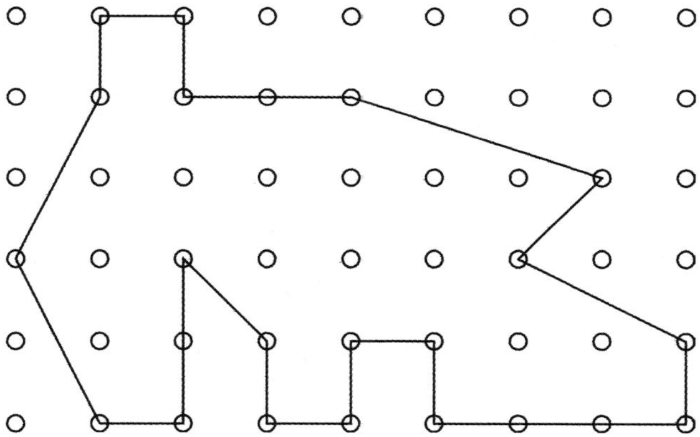

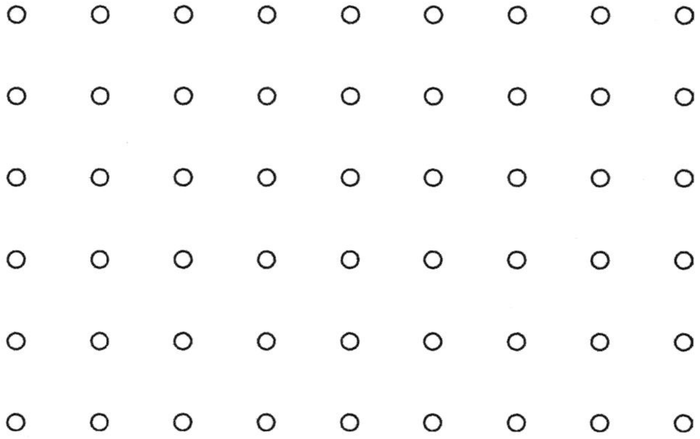

1.15 记住路线

试着记住这条路线，然后把它遮住，在下方的空网格里把它画出来。

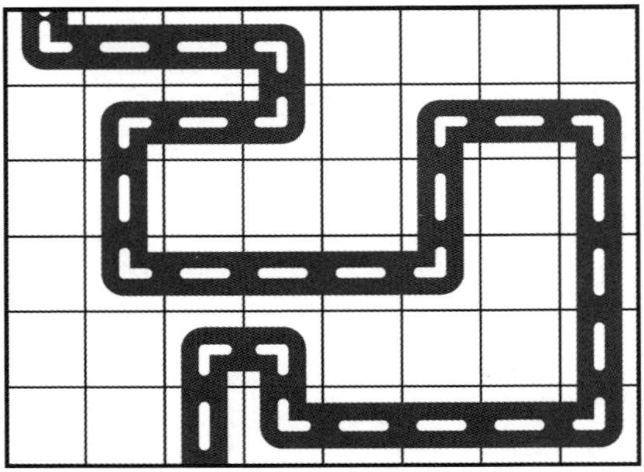

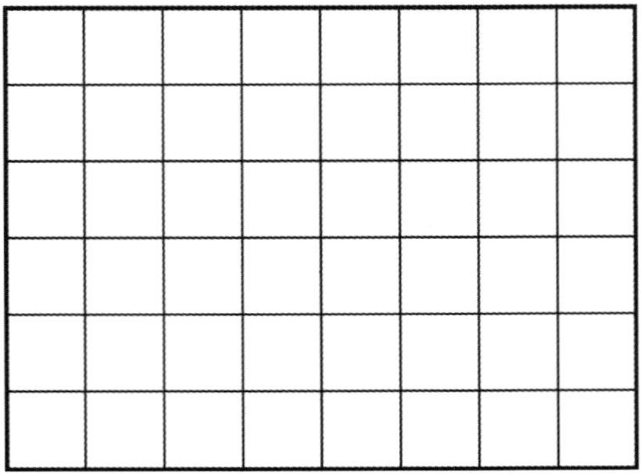

1.16 找不同

把书横过来，记住下面这幅图片，用多久都行，准备好后翻到下一页。

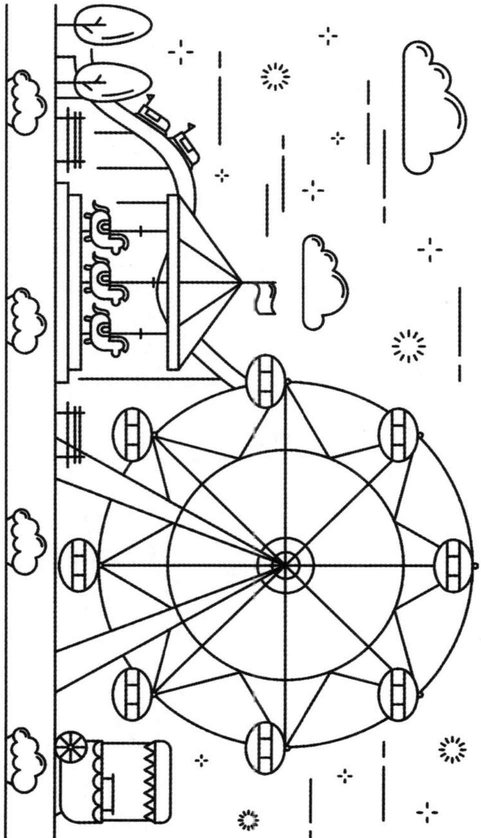

你能找到八个消失的物体吗？天空中的线条和星星不算哦，只看主要的物体。

参考答案在本书最后的部分。

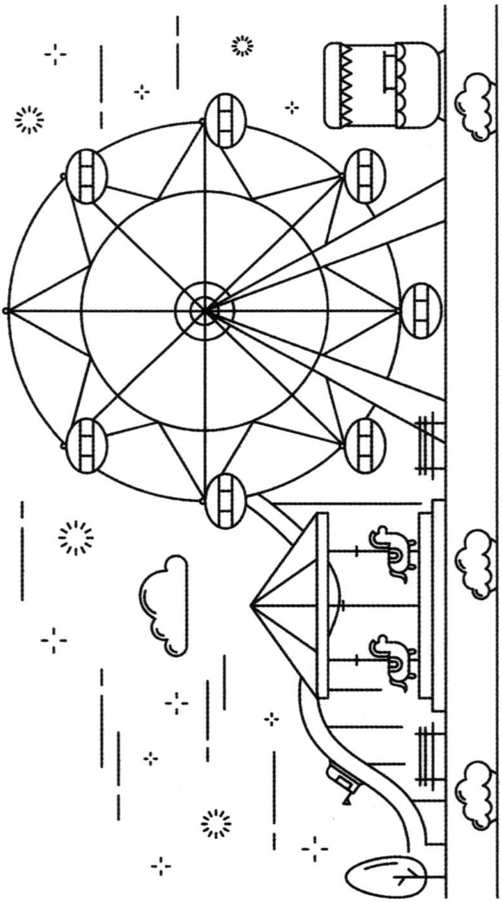

1.17 找出新出现的图案

盖住本页下半部分，试着在 1 分钟之内记住上半部分的图案，然后盖住上半部分。你能找出所有新出现的图案吗？注意这些图案的位置可能与之前不一样哦。参考答案在本书最后的部分。

1.18 找出消失的图案

盖住本页下半部分，试着在 1 分钟之内记住上半部分的图案，然后盖住上半部分。你能找出所有消失的图案吗？注意这些图案的位置可能与之前不一样哦。参考答案在本书最后的部分。

第二章
言语记忆

言语记忆

我们利用语言在脑海中制定计划、解决问题，语言是我们理解周围世界的关键。言语工作记忆能够帮助我们在短时间内保留、处理言语信息，无论是听到的、说出的还是读到的。在阅读的过程中，言语工作记忆让我们能够记住之前看到的句子，从而理解一段话的含义。在上一章节，你迈出了记忆训练的第一步，学习了与记忆策略相关的概念，接下来，你可以将这些记忆策略运用在言语信息上。

循环往复

重复言语信息非常容易，这也是我们记住它们的主要手段，但过多的重复也有其局限性，因为要记住的内容越多，重复所用的时间也越长。拿记忆词语来说，有时在记到最后一个词时你会忘记你记的第一个词，因而相比较长的词（如“香蕉”“消防车”“毛毛虫”等），较短的词（如“针”“车”“猫”等）更易于记忆。说中文的人对数字的短期记忆能力普遍更强，因为中文中的数字比英文更短。为了克服短期记忆的局限性，我们之前讨论过分块记忆法（希望你已经练习过了），这个方法同样适用于记忆言语信息的练习。

联结记忆碎片

在一个逻辑框架中利用分块法，你可以记住更多的东西。这种方式把待记忆信息与其他已有信息联系起来，从而让你可以更容易地回忆起某个信息，其他信息也会随之涌入脑海。在上一章的例子（关于“树”“椅子”“皮带”“苹果”和“月亮”的记忆）中，所有的待记忆信息组成了一张图片，但没有体现出这些词语的顺序，如果你想要记住它们的顺序，可以把这些单词转化为一系列事件，把每个事件按词语顺序连接，每个事件之间都有着一定的联系，这种联系最好是动态的。你可以从一棵树开始，这棵树非常不幸地被砍掉了，木材做成了椅子，而这把椅子又被一条皮带拉倒在地，接下来，用皮带把苹果扔到了天上，苹果神奇地变为了月亮。这些极具想象力的画面的确有些不同寻常，但正因如此，它们才行之有效！

讲个故事吧

当待记忆内容之间有一定关联时，你可以将所有待记忆信息进行分组，然后有逻辑地串联起来编成一个故事，而不是对单个的信息点进行抽象的联想。这种方法最适用于信息之间有一些关联的情况。这种记忆法的优点之一是你不需要额外为故事中的事件创建心理图像。

刚开始上手的时候你可能会采用你熟悉的故事元素。

为了达成叙事效果，你需要一个逻辑结构将一个事件与另一个事件联结起来，这种方法适用于记忆一个有固定顺序的信息清单，在这种方法下，你也更不容易遗忘某个信息，因为故事有一个总体框架，让你可以轻易地回忆起下一个信息点，也不会因为忘记了其中的某一个信息而陷入困境。这比单纯的信息联结法更有效，因为在信息联结法中，忘记记忆链中的任何一个信息点都可能导致记忆中断。可能你不知道记忆随机排列的一组词有什么意义，实际上，这种练习能激活你的创造力——最终帮助我们构建记忆宫殿。

钉子记忆法

对你而言，记忆一串词语可能比记忆一串数字更加容易，因为你已经对词语的含义有了基本印象，或者你已经自行对这些词进行了联想，就像上面例子中的那样。与我们之前讨论过的记忆法相比，还有一种更高级的记忆法，我们称之为“钉子记忆法”，这种记忆法结合了视觉化和联想策略，让你能够记住清单上的数字、信息。你可以把“钉子”想象成钩子，它可以“挂住”你想记住的信息。在这种方法下，我们会用一个便于记忆的“钉子”来代表不同的数字。

在应用这个技巧之前，首先你需要创造属于你的“钉子”。我们可以发挥想象力，从 0 到 10 之间的数字中选一个与之形似的词充当“钉子”——“1”对应铅笔，“2”对应鸭子，“3”对应耳朵，“4”对应旗子，“5”对应钩子，“6”对应哨子，“7”对应镰刀，“8”对应麻花，“9”对应小蝌蚪，“0”对应鸡蛋，“10”自然而然就是一支铅笔旁边放了个鸡蛋。用联想的方法让这些数字和与之对应的词绑定在一起。

运用这种方法，看到一串数字 191027，你想到的可能是你用一支铅笔画了一个小蝌蚪，接着放下铅笔，吃了个煮鸡蛋，一只鸭子过来想和你抢食，被你用镰刀赶走了。这种方法甚至能帮你倒序记住这串数字，刚开始运用该记忆法可能需要一些时间，一旦这些“钉子”被牢牢地钉在你的脑海里，记忆长串的数字对你来说就是小菜一碟。

战胜遗忘

在战胜遗忘的斗争中，短期记忆和长期记忆是相辅相成、共同作用的，当你从脑海深处将长期记忆调回台前时，它们就短暂地留存在了短期记忆中，反之亦然，短期记忆中储存的相关片段也可以转移到长期记忆中。实际上，通过练习前两章中的记忆技巧，你将短期记忆转为长期记忆的可能性将大大增加。

你可以利用你的长期记忆来组织短期记忆中的内容。国际象棋职业棋手就会这样做，在与对手对战时，他们通常会在大脑内提前演练接下来十步的策略，因为经过日复一日的训练，他们早已熟悉棋盘上的常见棋局，并将其分为包含多个棋子的组块。有趣的是，只有棋子的位置符合合理的定式时，而不能是随机组合时，才能采用这种策略。

国际象棋的例子表明长期记忆是你最忠实的盟友，它可以激活储存在你的短期记忆中的片段。比如记忆像 8137004 这样的随机数字，如果你的生日是 7 月 13 日，那么你的脑海里就已经有了一个由 3 个数字组成的序列：137。这种方法在记忆词语时同样适用，只要你能为这些看似随机的序列赋予某种意义，工作记忆的负荷就会随之大大减少，长期记忆也会增加。

自行调整难度

下面的练习内容可能有点多，如果你觉得记忆难度大，就把内容减少一点，直到你觉得合适为止。之后可以再次尝试完成所有的练习。

2.1 记忆数字

花 30 秒时间分别记住下面的每组数字，然后把它们盖起来，看看你能不能在空白处按要求写出这些数字。在后面的练习中，会要求你以不同的顺序写出所给的数字，但你应该按照原来的顺序记忆它们。

练习 1

1 7 3 6 8 4

写出这 6 个数字：

____

练习 2

9 4 3 8 7 1 2

写出这 7 个数字：

____

练习 3

9 4 1 8 3 6

按倒序写出这 6 个数字：

____

练习 4

5 8 3 5 4 3 7

按倒序写出这 7 个数字：

____

练习 5

9 3 4 6 2 1 4 5

按升序写出这 8 个数字：

____

2.2 记住简单的清单

花 30 秒时间记住下面的词语清单，再把上半部分盖住，看下半部分的指示。

仓鼠

屋顶

奶酪

医生

彩虹

兴奋

现在看看你能不能在每个词前写下它们的顺序。（排在上面清单第一位的词对应“1”，排在第二位的对应“2”，以此类推，最后一个词对应“6”。）

______ 彩虹

______ 仓鼠

______ 兴奋

______ 医生

______ 屋顶

______ 奶酪

2.3 记住复杂的清单

下面是2000年至2004年获得奥斯卡最佳影片的电影和相应的导演清单，尝试记住这份清单，然后把它们盖起来，看下面的练习。

2000年：《角斗士》，雷德利·斯科特
2001年：《美丽心灵》，朗·霍华德
2002年：《芝加哥》，罗伯·马歇尔
2003年：《指环王：王者无敌》，彼得·杰克逊
2004年：《百万美元宝贝》，克林特·伊斯特伍德

现在看看你能在只给出年份和导演的情况下回忆起多少部电影。

2000年：____________________，雷德利·斯科特
2001年：____________________，朗·霍华德
2002年：____________________，罗伯·马歇尔
2003年：____________________，彼得·杰克逊
2004年：____________________，克林特·伊斯特伍德

2.4 记住个人身份识别码（PIN 码）[①]

花 1~2 分钟时间记住下面这些 4 位数的 PIN 码，然后把它们盖起来，看看你能否完成这一页下半部分的填空。

公寓键盘：5720
办公室：3957
手机解锁：8374
自动取款机（ATM）：7112

你可以填出下面的信息吗？注意下面的内容和之前的内容在顺序上可能不太一样。

手机解锁：__________
自动取款机（ATM）：__________
__________：5720
办公室：__________

① 个人身份识别码（Personal Identification Number，PIN）是一串数字构成的通行码，用来认证使用者身份，授权他进入系统。——译者注

2.5 记住密码

你已经尝试记忆 PIN 码，现在我们试试更复杂的密码清单。用 2 分钟的时间记住下面的清单，然后把它盖住，完成下半部分的任务。

办公室电子邮箱账户：NorthWestXYZ
银行账户：MON £Y$AFE
电费账单：GREEN247
网上购物账户：ShopDrop84
社交媒体账户：ZXCVBNM
家庭相簿：2021TeamHeston

你可以填出下面的信息吗？注意下面的内容和之前的内容在顺序上可能不太一样。

电费账单：____________
____________：2021TeamHeston
银行账户：____________
____________：ShopDrop84
社交媒体账户：____________
办公室电子邮箱账户：____________

2.6 记住清单（升级版）

下面这份清单列出了英国的一部分郡名，尝试记住这些郡名及其相应的顺序。准备好后翻到下一页。

1. 达勒姆郡
2. 格洛斯特郡
3. 肯特郡
4. 萨默塞特郡
5. 拉特兰郡
6. 德文郡
7. 切斯特郡
8. 诺福克郡
9. 埃塞克斯郡
10. 坎布里亚郡
11. 诺森伯兰郡
12. 贝德福德郡
13. 北约克郡
14. 萨里郡
15. 康沃尔郡
16. 萨福克郡

看看你能否在下面的郡名前写出正确的序号，注意郡名的排列顺序与之前的清单有所不同。（如果你觉得一次性记住 16 个郡名及其序号太难，可以先从 6 个或 8 个开始，逐渐增加，直到你能记住 16 个郡的顺序为止。）

______：诺森伯兰郡

______：切斯特郡

______：达勒姆郡

______：康沃尔郡

______：格洛斯特郡

______：埃塞克斯郡

______：肯特郡

______：萨福克郡

______：萨默塞特郡

______：北约克郡

______：德文郡

______：诺福克郡

______：贝德福德郡

______：萨里郡

______：拉特兰郡

______：坎布里亚郡

2.7 疯狂联想

试着记住下面的这张购物清单，或许你可以想个有趣的方法把这些东西联系起来，比如编一个小故事。当你准备好后，在下一页空白处按顺序写出清单上的物品，试着运用你自己的方法辅助记忆。

洗发水
肥皂
甜玉米
萨拉米香肠
鲑鱼
南瓜
剪刀
防晒霜
沙拉
苏打水
沙丁鱼
香肠
汤
意大利面

看看你能不能以你的记忆方法按同样的顺序写下购物清单上的物品。

2.8 笑话狂想

看看下面这 7 个笑话，你能在 2 分钟之内记住多少？2 分钟后把它们遮住，然后翻到下一页。

小马为什么不在合唱团唱歌？
因为它嗓子哑了。[①]

大海对海岸说了些什么？
没什么，它只是挥了挥手。[②]

“0”对“8”说了些什么？
“老兄，腰带不错。”

为什么骷髅不去参加舞会？
因为没人陪它去。[③]

① 原文“Because it was a little horse”中，horse一词和单词“hoarse”谐音，意为“声音嘶哑的”。——译者注

② 原文“wave”一词多义，有“海浪”的意思，也有“挥手”的意思。——译者注

③ 原文“no body to go with”，此语境下又可以理解为“因为他没有身体”。——译者注

哪里是学习关于冰激凌的知识的最佳地点?

主日学校。①

为什么鼻子没法长到 12 英寸?

因为会变成脚。②

为什么泰迪熊永远不会饿?

因为它们总被塞得满满的。③

---

① 原文“Sundae school”，音同“Sunday school”，意为“主日学校”，基督教堂或犹太教堂会在星期日为儿童提供宗教教育，因此名为主日学校，又名星期日学校。——译者注

② 12 英寸 =1 英尺，而 1 英尺在英文中为“a foot”，同时有“脚”的意思。——译者注

③ 泰迪熊是填充玩具，一般身体里会塞满棉花等填充物。——译者注

接下来，补全下面的笑话。你也可以给家人和朋友们讲讲这些笑话。

为什么鼻子没法长到 12 英寸？

____

小马为什么不在合唱团唱歌？

____

____

因为它们总被塞得满满的。

____

没什么，它只是挥了挥手。

____

因为没人陪它去。

“0”对“8”说了些什么？

____

哪里是学习关于冰激凌的知识的最佳地点？

____

2.9 记忆化学元素

化学元素周期表按原子序数排列，囊括了自然界所有已知的化学元素。下面是元素周期表中的八种元素，以及它们首次被探测（预测）到的年份。

磷：1669 年
钴：1735 年
铂：1735 年
镍：1751 年
镁：1755 年
氢：1766 年
氧：1771 年
钡：1772 年

用几分钟的时间记住上面的内容，准备好后把这一页的内容盖住，翻到下一页。

在遮住上一页后，看看你是否能够完成下面的填空。

磷：____________

____________：1735 年

铂：____________

____________：1751 年

镁：____________

____________：1766 年

氧：____________

____________：1772 年

1 小时后，再做一次上述练习。在明天、后天，甚至几天后，你都可以再做一次这一页的练习，看看你是否还记得现在记住的内容。

2.10 记忆段落信息

下面是一篇关于达•芬奇的介绍，多读几遍，试着记住其中的内容。准备好后把这一页盖住，回答下一页的问题。

列奥纳多·达·芬奇（Leonardo da Vinci）是文艺复兴时期的全才，成就横跨艺术与科学领域。他于1452年在意大利出生，出生地在今天的佛罗伦萨附近。

他还在世时就已经是极负盛名的画家，代表作有《蒙娜丽莎》（*The Mona Lisa*）和《最后的晚餐》（*The Last Supper*）。他对解剖学也颇有研究，创作了几幅非常精确的人体素描。他的画作《维特鲁威人》（*The Vitruvian Man*）向我们展示了一个完美比例的人体，这幅画于1490年左右创作完成，目前在威尼斯的一家画廊展出。

达·芬奇同时还是一位杰出的工程师，设计了飞行器、降落伞的早期原型，他甚至设计出史上第一个机器人——“达•芬奇机器人”。他一生中大部分时间都在意大利，生命的最后三年则移居法国，并于1519年去世。

现在看看你能否回答下列问题，注意不要偷看上一页的内容。

1. 达·芬奇在哪一年出生？

2. 写出第一段中概括达·芬奇才华和成就的一个词。

3. 达·芬奇的绘画代表作是哪两幅画？

4. 达·芬奇生命中最后的三年在哪个国家度过？

5. 达·芬奇设计了哪三项发明的原型？

6. 达·芬奇出生于现代意大利的哪个城市附近？

7. 达·芬奇约在哪年创作了《维特鲁威人》？

8. 目前《维特鲁威人》在哪个城市展出？

9. 达·芬奇于哪一年去世？

2.11 找不同

下面是简·奥斯汀（Jane Austen）《傲慢与偏见》（*Pride and Prejudice*）的选段，仔细阅读，然后翻到下一页。

有钱的单身汉必得娶个太太。这是一条举世公认的真理。

这条真理已经在邻里之间根深蒂固，不论踏入这片地区的单身汉本人怎么想，他都已被标定为邻近单身姑娘们的固有财产。

“我亲爱的班纳特老爷。”一天，班纳特夫人对她的丈夫说，“你听说了吗？奈瑟菲尔德庄园终于租出去啦！”

班纳特老爷的回答是否定的。

班纳特夫人又说：“确实租出去啦，朗夫人去过那里，她告诉我的。”

班纳特老爷没说话。

“你难道不想知道是谁租的吗？”他的妻子不耐烦地嚷道。

“你想告诉我，我也不介意听听。”

这句话就够让班纳特夫人继续滔滔不绝了。

把上一页盖住，阅读下面这个相似的内容。有几个词与前一页不太一样，你能把变化的词都找出来吗？参考答案在本书最后的部分。

富有的男人必得娶个太太。这是一条举世公认的真理。

这条真理已经在社群之间根深蒂固，不论踏入这片地区的单身汉本人怎么想，他都已被标定为邻近单身姑娘们的固有财产。

“我亲爱的班纳特老爷。”昨天，班纳特夫人对她的丈夫说，“你听说了吗？曼斯菲尔德庄园终于租出去啦！”

班纳特老爷的回答是否定的。

班纳特夫人又说：“确实租出去啦，肖特夫人去过那里，她告诉我的。”

班纳特老爷没回应。

“你难道不想知道是谁租的吗？”他的妻子迫不及待道。

“你要告诉我，我也不介意听听。”

这句话就够让班纳特夫人继续讲下去了。

2.12 奇妙的词语

花 2 分钟时间记住下面这个关于日本的词语表，这些词是随机排列的。

时间一到就把词语表盖上，翻到下一页。

空手道
照烧
盆景
和服
海啸
俳句
大亨
歌舞伎[①]
数独
芥末
萨摩烧[②]
卡拉 OK
神风特攻队
日本漫画
日本折纸艺术

① 歌舞伎是日本典型的民族表演艺术。——译者注

② 萨摩烧是一种乳色的日本陶器，带有精美的龟裂釉面和精细的彩色和饰金装饰图案。——译者注

请确保你已经把上一页的清单盖住了。

现在，你能在下面的空白处按你喜欢的顺序写下你记住的词语吗？

2.13 待办事项清单

试着花几分钟时间记住下面这份清单。准备好后，把它盖起来，并按下面的说明进行练习。

去杂货店买东西
接爷爷
付水费
修理破损的架子
浇花
修剪草坪
买打印纸
清理冰箱的抽屉
解冻晚餐
叠衣服
换灯泡
遛狗
给妈妈打电话

在盖住上面的清单后，试着回忆上面的待办事项。

2.14 诗歌的力量

下面是一首爱德华·李尔[①]写的打油诗，花 1 分钟时间记住，然后把它盖起来，按下面的说明进行练习。

有个老头儿胡子一大把，
他说："这件事让我担惊受怕：
两只猫头鹰和一只大母鸡，
四只百灵鸟和一只小鹪鹩[②]，
全在我胡子里搭了窝，哎呀呀！"

现在看看你是否能在不参考原文的情况下把这首诗写出来，尽量写得和原文一样，可以忽略标点符号的问题。

____

____

____

____

____

① 爱德华·李尔（Edward Lear），英国诗人，以写类似打油诗的"nonsense poems"（即"胡话诗"或"谐趣诗"）而出名。——译者注

② 读作 [jiāo liáo]，是一类小型鸣禽。——译者注

2.15 记忆力测试

你在本章练习中的表现如何？下面的每个问题都与本章的练习有关，看看你能回答多少个，注意不要回头翻看哦。参考答案在本书最后的部分。

1．达·芬奇在哪个国家出生？

2．钡是在哪一年首次被探测到？

3．在本书的《傲慢与偏见》选段中，哪两个人在对话？

4．银行自动取款机的PIN码是什么？

5．“0”对“8”说了什么？

6．下列哪项没有出现在英国郡名清单中？

- ▶ 北约克郡
- ▶ 达勒姆郡
- ▶ 多塞特郡

7．2000年获得奥斯卡最佳影片的是哪部电影？

8. 《百万美元宝贝》这部电影的导演是谁？

9. 电费账单的密码是？

10. 在爱德华·李尔的打油诗中，一共有多少只鸟在男人的胡子里筑巢？

11. 哪个笑话以“因为会变成脚”结尾？

12. 在记忆化学元素的部分列出了哪八种化学元素？把它们首次被探测（预测）到的年份也写出来。

在回答上述的问题后，你还可以试着回答下面这些更有难度的问题，把你的答案写在白纸上：

- 尽可能多地写出你能记起来的关于日本的词语。
- 尽可能多地写出你能记起来的购物清单上的物品，还记得当时你编了哪些故事来记住它们吗？
- 写出你能记起来的待办事项清单里的事项。

第三章

长期记忆

长期记忆

健康的大脑能够储存海量的信息，就如那些能在一小时内记住1000个随机数字的记忆大师，又如电影《雨人》[①]的主角原型金·皮克——他把当地图书馆内的大部分藏书都记在了脑子里。我们的长期记忆储存着能帮我们了解周围世界、使用某种语言、与他人交谈、学习技能和浏览周围环境的必要信息，而这些信息又分别由不同的记忆系统负责（详见插文《“记不住”的病人H. M.》）。

记忆的过程包括编码、储存、检索三个部分。在编码过程中，大脑会将你经历的某件事、学到的知识转存到记忆系统里，这个过程可以是自发的，也可以是自觉的，你可以通过专注于那些你认为重要的信息，来巩固你之后的记忆。后面的练习将围绕记忆编码过程进行，以帮助你在之后进行记忆检索。为了形成长期记忆，大脑必须将编码后的信息储存起来，以便随时调取。最后，为了让记忆快速地重回脑海，我们就需要对其进行检索。检索的整个过程可以是完全自发的，也可能是自觉主动的。不过只要掌

① 《雨人》（*Rain Man*）是巴瑞·莱文森执导的一部剧情电影，由达斯汀·霍夫曼、汤姆·克鲁斯等主演，剧情中的弟弟发现父亲将遗产留给了患自闭症的哥哥，于是想骗取这笔财富，并计划利用哥哥超强的记忆力去赌博赚钱。本片于1989年获第61届奥斯卡最佳影片。——译者注

握了合适的技巧，这种检索就会变得容易不少。

利用提示

单靠回忆你可能没法记起去年你朋友过生日时发生了什么，但当谈起收到的生日礼物时，你可能就会突然想起包礼物用的蓝色包装纸，这就是自由回忆（free call）和提示性回忆（cued call）的根本区别，前者不需要任何提醒，后者则像一把钥匙，能帮你打开脑内记忆档案馆的抽屉，让你想起尘封已久的往事。

利用提示对记忆非常有帮助，尤其在记忆事实、词语或是简短的清单方面。这个提示可以是简单的，像首写字母或缩略词，例如三角函数的记忆口诀 SOH-CAH-TOA[①]，能轻松帮你记住“直角三角形中任意一锐角的对边与斜边的比叫作该锐角的正弦”这一知识点。当然，这个提示也可以复杂一点，但依旧朗朗上口，例如这首准确描述了亨利八世六位妻子结局的打油诗“离婚，断头，死；离婚，断头，活”[②]，又或是“公元 1492 年，哥伦布扬帆蓝海”[③] 等

① 外国人用于记忆三角函数的公式口诀，分别对应正弦、余弦和正切。——译者注

② 英文原文为“divorced, beheadec, died; divorced, beheaded, survived”，是人们为记住亨利八世六位妻子的结局编成的口诀。——译者注

③ 英文原文为“in fourteen hundred and ninety-two, Columbus sailed the ocean blue”，是为记住哥伦布远航发现新大陆的年份而编的口诀。——译者注

口诀。这些提示就是回忆的起点，让你能顺着记忆往最深处探寻，如果你对某件事的记忆足够深刻，那么提示就可以悄无声息地触发你的大脑，把那些宝贵的回忆带回台前。

利用已知之物

记忆并非凭空存在。我们的大脑存在的目的就是为了建立一张以我们为中心的心像地图（Mental Map），让我们可以调整自己的行为。我们已经建立了包含社交网络、社会事实和语言知识的记忆网，构建了无数张描绘周围环境、指导我们行动的地图，将我们个人的经历交织在一起，使我们能看清自己究竟是怎样的人。我们也可以利用这些知识，将新的信息与旧的信息联系起来，使新的知识与那些已经稳定存在于我们记忆之中的内容产生关联。

为记忆寻找支点

当你想记住大量的信息，比如想记住有某个共同主题的多个事实时，将内容结构化是关键。正如上述所言，当那个现有知识的支点稳如磐石，一切就轻而易举。但如果输入的是全新的知识，开发一个新的支点就颇具挑战性了。例如，你可以选择某个词语或图片来代表某个核心主题，并围绕这个主题组织其他信息，就像车轮的辐条那样。如果你想深入了解关于某个主题的知识，这个方法将特别有用。同样，在列购物清单时，你可以对物品进行分类，以减少清单上“独特物品”的数量，这样更便于记忆。如果你想记住一连串的事件、按时间顺序排列的一系列物品，你可以选择一个词来代表每个事件或物品，并将它们联系在一起，随后你就可以使用前几章中提到的记忆法来记住它们了。

描绘图像

我们的大脑描绘心理图像的能力让我们能够对信息进行编码，辅助记忆。在进行接下来这些关于长期记忆的练习时，你可以在大脑内生成一幅图画，或者构建整个场景，去描绘你想记住的信息。比如在学习历史时，你可以在脑海中描绘某个事件发生的场景，并加以修饰，这能帮助你进行记忆。同时这个技巧也适用于抽象知识的记忆，比如新单词，像“ignominious”（不光彩的，可耻的）这个词，可以想象为一个邪恶的小矮人发出不怀好意的笑声。

这种方法非常有效，因为相比文字，图画可将你要记住的东西转变为一幅独特的拼图，这减少了不重要的、新传入的信息干扰，拼图中的某一块可作为线索触发记忆，将其他记忆碎片一同带回脑海中，因而在一个内容丰富、细节详尽的图像中插入多个潜在的记忆线索能提升你的记忆效率。

创造联系

现在你已经知道将不同的记忆点联系起来可以辅助短期记忆，而长期记忆在建立这种联系方面无出其右。你一定知道，面包和黄油、雷声和闪电总是出现在一块；看到柯基犬就能想到英国女王；而涉及你个人的经历时，某种特定的气味或某首特定的歌曲可能与一段特别的记忆紧密相关。通过有意识的训练，你可以利用这种能力来提升记忆力。比如当你想记住某人的名字时，你可以记住他的某种突出的面部特征，将其与他的名字联系起来。如果一位姓袁的女士有一张圆圆的脸蛋，那么记住她就很容易了。另外，你也可以把刚认识的人的名字与你已经认识的人（朋友或名人都可以）联系起来。

在上一章中，我们谈到了一种经典的记忆法——钉子记忆法，以及它在记忆数字序列方面的应用。现在你可以针对代表某个特定数字的物体进行“定桩法”练习，看看你是喜欢用言语工具辅助记忆还是喜欢用视觉工具辅助记忆。你所选的记忆钉应该能让你联想到其对应数字的形状：“1”是铅笔，“2”是鸭子，“3”则是耳朵等，确定好记忆钉后，你可以在上面“挂”上你想记住的东西，比如当天的待办事项。例如，（1）写一封重要的电子邮件——配上用铅笔敲击键盘的图像；（2）为朋友买生日礼物——配上一只鸭子把包装好的礼物放进它的窝里的图像；

（3）把车修好——配上医生在车中给病人的耳朵做手术的图像。一旦你把这些记忆钉刻在脑海里，你就可以重复地利用它们进行记忆，这些记忆工具不再需要你有意识地进行回忆，你有了一个可供你使用的线索，后续需要快速记忆某个清单时，就可调用它。

巩固记忆

我们每天所经历的大部分事情都会在某个时刻被遗忘，延缓这种遗忘的过程称为记忆的巩固，也就是构成特定记忆的神经元之间的联系被进一步强化的过程。随着时间的推移，被反复回忆起来的那部分记忆愈发根深蒂固，直到被永久留存。在进行后面的练习时你可能会发现，每隔几天或几周之后进行记忆训练，记忆过程都越来越容易，不过尽管如此，如果让记忆闲置数年，它就会渐渐消散，直到完全消失。这就是你从学校里学来的大部分知识的归宿，即便你当年考了个不错的分数。因此，偶尔的快速复习对记住那些来之不易的知识来说是有意义的。

“记不住”的病人 H. M.

亨利·莫莱森（Henry Molaison）的故事最能说明我们大脑中不同的长期记忆系统之间的区别。他最初被称为 H. M. 病人（Patient H. M.），自 10 岁起就患有癫痫，并且随着年龄的增长愈发严重。由于当时对癫痫的治疗手段还不太成熟，在医生的建议下亨利接受了颞叶切除手术，以求永久根治严重影响生活的顽固性癫痫。切除的结构之一就是海马体，源于希腊语中的“海马”一词，因为它的形状和这种海洋动物有些相似。

手术后，医生们发现，他们必须反反复复地向亨利介绍自己，尽管他记得自己是谁，也记得自己之前的生活，但他从此失去了形成新的长期记忆的能力，这意味着他的情节记忆[①]系统受到了严重的损伤。不过他依旧有能力学习新的复杂运动技能，尽管他并不记得自己曾经学过这些技能，这表明他的程序性记忆[②]是完好的，这一记忆系统负责技能学习。他依旧能熟练使用已掌握的语言，一直到去世前，他都是位狂热的填字游戏爱好者。需要注意的是，亨利无法回答任何有关手术后发生的事的问题，对语言和已知的语义事实，他掌握得很好，但新的知识无法留存在他的大脑里。

---

① 英文为 episodic memory，属于长期记忆的一种。指的是与一定的时间、地点及具体情境相联系的事件的识记、保持和再现。这种记忆与个人的亲身经历分不开，最大特点是具有情节性，如想起自己参加过的一个会议或曾去过的地方。——译者注

② 英文为 procedural memory，是一种惯性记忆，又称技能记忆，是指如何做事情的记忆，包括对知觉技能、认知技能和运动技能的记忆。——译者注

这种看似奇怪的记忆损伤案例向我们证明了海马体是制造新的长期记忆的关键角色。在本章的练习中，你的大脑会用到的正是这一区域。

睡一觉吧

巩固记忆最有效的方法之一就是睡觉。当你熟睡时，你的大脑仍在努力工作，让你脑内活跃的神经元回顾之前的活动模式，可以把这个过程看作对那天发生在你身上的事情的快速回溯，整个过程无知无觉。所以在睡前复习一下你正在学习的东西将非常有效，因为它在你脑海中依旧鲜活，并且不会受到一天中经历的其他事情的影响。

回到最初

翻到这一页的你应该已经花了不少的时间跟着本书进行记忆训练，这一切都不是无用功，你的目的是真正掌握这些记忆技巧，而不是做几个练习题而已。现在你已经有了一个良好的开端，是时候再接再厉将这些记忆技巧应用于日常生活之中了。

在开始关于记忆策略的学习之前，再花点时间回顾一下你学过的记忆技巧，看看你是否能通过以下步骤迈入正确的记忆之路（PATH）。

- 第一步，找到你的问题（Problem）。这一点在记忆之旅开始之前我们就已经做到了。
- 第二步，深入分析（Analyse）问题。比如在记住人名和对应的人脸的练习中，你需要记住两个信息，并且要将这两个信息联系起来，这样下次你就能在认出那张脸的同时准确地叫出他的名字。
- 第三步，回想一下到目前为止在本书中学到的不同记忆技巧（Techniques）。
- 第四步，正确地选用记忆技巧，帮助（Help）你解决问题。

代入日常生活的场景，并应用上述的PATH四步法，你就能脱离书本的束缚，去应对现实生活中的记忆难题了。熟练使用记忆技巧来进行信息编码固然需要时间，但一旦成功，在脑内进行信息检索的速度就会变得更快，记忆也更牢固。如果你还没有成功，也不要放弃，这需要点时间，只有真正地把这些技巧融入生活中，你才能从阅读本书的过程中受益。

提升水平

此章涉及的所有记忆策略都是最终建造记忆宫殿的重要部分。在最后一章中，你的工具库中将增加一项制胜法宝，那就是将脑内所有的图像信息、相关联想和知识结构填入一个三维环境中的能力。这种空间化的能力是巩固记忆力的最后一个支柱。因此在进入下一章之前，利用本章中的练习强化你的视觉化、联想和组织能力，这会使接下来建造记忆宫殿的过程更加顺利。

记忆偏差

我们的记忆并非一成不变，随着时间的推移，记忆往往会变得模糊，其中的许多细节会消失，最终我们只记得一部电影或一条新闻中的要点。在练习 2.9 中，你要记住一串化学元素名，试着回想一下那一页有哪些词？在没有任何线索的情况下，回想起这些化学元素是很困难的，因此我们得引入线索：镁是否在其中？铂呢？氦呢？

如果你觉得氦在其中，那么你就出现了所谓的记忆偏差。不用担心，这种情况很常见，尤其在这样的练习中，因为围绕一个特定概念（元素周期表）抛出的一系列词语在语义上是相联系的。这种在某个共同主题下组织起各个信息的方式对记忆会有帮助，但也有可能导致细节记忆上的模糊。想要更好地记住信息，关键在于能否让这种记忆更加鲜明独特，更加难以忘记。

3.1 记住天体

太阳系的大部分行星都有卫星环绕，也有一些没有。下面的列表包含了一些行星以及围绕它们的最大的卫星（有些行星没有卫星）。

首先，试着记住它们，然后看看自己是否能立即在纸上写下它们的名字，过 1 个小时后再试一下，接着在一天、两天、几天后分别再试一次。

水星	无卫星
金星	无卫星
地球	月球
火星	福波斯（火卫一）
木星	盖尼米得（木卫三）
土星	泰坦（土卫六）
天王星	泰坦妮娅（天卫三）
海王星	特里同（海卫一）

3.2 肌肉记忆（一）

阅读下面的短文，并尝试记住文中提到的一些基本信息：

人体大约有600多块肌肉，其中最大的肌肉是臀大肌。肌肉主要有三种类型：骨骼肌、平滑肌和心脏肌。大多数肌肉都是成对存在的。位于身体对侧的相同肌肉对被称为双侧肌肉。

现在把这篇短文盖住，试着回答下列问题：

1．人体大概有多少块肌肉？

2．人体最大的肌肉叫什么？

3．肌肉主要有哪三种类型？

4．位于身体对侧的相同肌肉对叫什么？

你都能回答出来吗？如果不能，那么就重复这个练习，直到能准确回答出所有问题为止。

3.3 导演谜题

1929 年，美国电影艺术与科学学院颁发了有史以来第一个奥斯卡最佳导演奖。下面按时间顺序列出了近年荣获此奖的导演的作品，试着记住它们。在 1 个小时后翻到下一页，回答一些问题。

- 2006 《断背山》
- 2007 《无间行者》
- 2008 《老无所依》
- 2009 《贫民窟的百万富翁》
- 2010 《拆弹部队》
- 2011 《国王的演讲》
- 2012 《艺术家》
- 2013 《少年派的奇幻漂流》
- 2014 《地心引力》
- 2015 《鸟人》
- 2016 《荒野猎人》
- 2017 《爱乐之城》
- 2018 《水形物语》
- 2019 《罗马》
- 2020 《寄生虫》

如果你觉得自己已经准备好了，就开始回答下列关于“历届奥斯卡最佳导演作品”的问题吧。

1．2020年获得奥斯卡最佳导演的作品是什么？

2．《贫民窟的百万富翁》是哪一年获得奥斯卡最佳导演的作品？

3．哪部电影的名字最短？

4．从上往下数，哪部电影在名单中排第六？

5．2007年获得奥斯卡最佳导演的作品是什么？

6．在《水形物语》前一年获得奥斯卡最佳导演的作品是什么？

7．名单里一共有多少部电影？

8．在《鸟人》后一年获得奥斯卡最佳导演的作品是什么？

3.4 肌肉记忆（二）

阅读下面这篇关于肌肉的短文，尽可能多地记住细节，可以多读几遍。

人体中最小的肌肉和最小的骨头都在耳朵里。最小的肌肉是镫骨肌，长度刚刚超过 1 毫米，它用来控制最小的骨头——镫骨。

人体中最长的肌肉是大腿上的缝匠肌，名字来源于拉丁语中的“裁缝”，据说是因为裁缝工作时需要盘腿而坐。

肌肉和骨骼通过肌腱连接在一起，这些肌腱与韧带不同，后者负责连接骨骼。以希腊英雄阿喀琉斯命名的阿喀琉斯肌腱（跟腱）位于脚踝，也被称为脚跟线。

如果你觉得你把上面那篇文章的细节都记住了，就在 1 个小时后翻到下一页。

看看下面的问题，根据你在1个小时前记住的文章，你能回答出来几个？

1．人体最小的肌肉在哪儿？

2．阿喀琉斯肌腱又叫作什么？

3．人体最长的肌肉在哪儿？

4．人体最小的骨头叫作什么？

5．阿喀琉斯是哪个地方神话中的英雄？

6．哪块肌肉以拉丁词语“裁缝”命名？

7．骨骼与骨骼之间的连接由哪个结构负责？

8．人体最小的肌肉有多长？

你能回答出几个问题呢？如果这个练习对你来说有些困难，你可以翻到前一页再重复一遍。

3.5 迷失于词语之中

下面是四个较长的英文单词。你能记住它们吗？准备好后等 10 分钟，接着翻到下一页。

Supercalifragilisticexpialidocious①

Antidisestablishmentarianism②

Floccinaucinihilipilification③

Pneumonoultramicroscopicsilicovolcanoconiosis④

① 出自1964年的美国电影《欢乐满人间》(*Mary Poppins*)，意为“好极了”“棒极了”“难以置信的”。——译者注

② 英文单词，意为“反政教分离运动”。——译者注

③ 英文单词，意为“藐视，轻视；视某物为粪土”。——译者注

④ 医学术语，最长的英文单词，意为“肺尘病，硅肺病（更准确来说是火山的灰尘引起的）”。——译者注

在进行下列任务之前，请确保你已经记住了前一页的四个长单词。

十分钟后，看看你能不能在下面完整准确地拼出每个词。

____

____

____

____

都拼对了吗？翻到前一页检查一下。

下面是个进阶挑战：等到明天早上，再试着拼出这四个单词，在这之前不要回看单词表哦。

3.6 金牌挑战

用几分钟记住下面这张奥林匹克运动会男子百米跑项目的金牌得主名单：

马塞尔·雅各布斯（2020）
尤塞恩·博尔特（2008，2012，2016）
贾斯廷·加特林（2004）
莫里斯·格林（2000）
多诺万·贝利（1996）

准备好后，盖住上面的名单，看你是否能填写下面的空白处，注意年份可能已经被打乱。

______________________（2000）

______________________（2004）

______________________（2020）

______________________（2008，2012，2016）

______________________（1996）

3.7 铭记这一刻

花至少5分钟的时间记住下面这些历史事件及相应日期：

1953年6月2日：伊丽莎白二世加冕为英国女王

1969年3月2日：第一架协和式飞机首航

1969年7月20日：人类首次登月

1977年8月16日：摇滚巨星“猫王”埃尔维斯·普雷斯利去世

1989年11月9日：柏林墙倒塌

1997年6月26日：《哈利·波特与魔法石》（哈利·波特系列第一部）出版

2006年3月21日：推特平台上的第一条推文发布

记住它们后等待2小时，之后翻到下一页。

现在看看你能记起多少个事件及其时间，注意下面的列表并未按之前的顺序（时间顺序）排列。

＿＿＿＿＿＿＿＿＿＿：推特平台上的第一条推文发布

1989 年 11 月 9 日：＿＿＿＿＿＿＿＿＿＿＿＿＿＿＿＿

1969 年 3 月 2 日：＿＿＿＿＿＿＿＿＿＿＿＿＿＿＿＿

＿＿＿＿＿＿＿＿＿＿：伊丽莎白二世加冕为英国女王

＿＿＿＿＿＿＿＿＿＿：人类首次登月

＿＿＿＿＿＿＿＿＿＿：《哈利·波特与魔法石》（哈利·波特系列第一部）出版

1977 年 8 月 16 日：＿＿＿＿＿＿＿＿＿＿＿＿＿＿＿＿

3.8 失物招领（一）

下面都是一些生活中容易遗失的物品和一些抽象词语，用几分钟的时间记住它们，然后把它们盖住，看下面的说明。

钥匙
时间
眼镜
遥控器
钱包
故事情节
单只袜子
睡眠
银行卡
弹珠

把上面的清单盖住后，看看你能不能凭记忆把它们说出来。

3.9 失物招领（二）

在练习 3.8 中，你记住了一些日常生活中极易遗失的物品，现在试试自己列一个易遗失物品清单吧，或许这可以提醒你在接下来的生活中不要遗忘它们。

在下面写出你经常忘记的物品清单：

____

____

____

____

____

____

____

____

____

____

把上面的清单盖住后，看看你能不能凭记忆把它们说出来。

3.10 运用想象力

花5分钟时间阅读下面的一些虚构场景，并在脑海中想象一下。

读完之后，把它们盖起来，在1个小时（如果你有信心的话，还可以等更久一点）之后翻到下一页。

- ▶ 一只粉色的鸽子从红色大狗那儿偷了一支冰激凌
- ▶ 小丑的割草机一直在吹泡泡
- ▶ 独眼海盗开着一艘金子做的船抵达地球尽头
- ▶ 一碗取之不尽的爆米花被送到姜饼房里
- ▶ 星星在夜空中拼出了著名自行车运动员的名字
- ▶ 学校校长掉进了烤豆子用的大桶里

在进行下面的练习前，请确保你已经阅读过上一页的说明，并按要求做了。

现在试着回答下列问题：

1．星星在夜空中拼出了什么样的运动员的名字？

2．海盗的船是用什么做的？

3．被偷了冰激凌的狗是什么颜色？

4．一个取之不尽的碗里装着什么？

5．掉进烤豆子用的大桶里的人是谁？

6．小丑的割草机在做什么？

7．哪个人只有一只眼睛？

8．那个房子是用什么做的？

3.11 园艺步骤

用 3 分钟记住下面与园艺相关的标题，不需要刻意记忆它们的排列顺序，只需要在脑海里逐个演练一遍。当你准备好后，就翻到下一页。

准备土壤
播撒种子
收获
防治虫害
选择合适的种植地点
清除杂草
间苗[①]
烹煮蔬菜
种植蔬菜
支撑植物梗茎

① 又称疏苗。按一定的株距拔除一部分幼苗，选留壮苗。这是为保证幼苗有足够的生长空间和营养面积。——译者注

按照你认为合理的顺序，有逻辑地把上一页的十个园艺相关的标题全部写下来。如果你觉得有些困难，试着想想植物的生长过程，看能不能唤醒一部分记忆。在完成后，可对照本书最后的参考答案。

3.12 韵律时间（一）

诗文、歌谣和押韵的词语能够在很大程度上辅助记忆，比如下面这首能帮你记住每月天数的歌谣：

三十天，是九月，
四月六月十一月。
剩下都是三十一，
唯一例外是二月。

自编打油诗是一种有效的记忆方法。现在，自己试着写一首关于英国历史的打油诗吧，需要包含的历史事件如下：

- 1707 年，英格兰（包含 1542 年被吞并的威尔士）与苏格兰合并，形成大不列颠联合王国。

- 1801 年，爱尔兰王国和大不列颠王国联合为大不列颠及爱尔兰联合王国，并于 1927 年更名为大不列颠及北爱尔兰联合王国。

3.13 记忆君主

试着写一首押韵的诗，按登基顺序记住下面这十二位英国君主（自 1707 年始），所列年份仅供参考，无须记忆。

安妮女王	1707 年
乔治一世	1714 年
乔治二世	1727 年
乔治三世	1760 年
乔治四世	1820 年
威廉四世	1830 年
维多利亚女王	1837 年
爱德华七世	1901 年
乔治五世	1910 年
爱德华八世	1936 年
乔治六世	1936 年
伊丽莎白二世	1952 年

在空白处写下你的押韵诗，并不一定要完美无缺，只要能帮助记忆就好！

____

____

____

____

____

____

____

____

____

____

写好之后，你就可以试试效果了，把它多读几遍，然后看看在 1 个小时后你能不能回忆起这 12 位君主。这个过程中不要翻看你的诗。

3.14 诗歌辅助

下面是圣诞歌曲《圣诞节的十二天》[①] 中提到的东西，按歌词顺序排列：

梨树上的鹧鸪鸟
斑鸠
法国母鸡
鸣唱的鸟儿
金戒指
生蛋的鹅
游水的天鹅
挤奶的佣妇
跳舞的女士
跳跃的贵族
吹风笛的风笛手
打鼓的鼓手

前五个或许很有名，但后面的就不那么容易记住了，有些短语很相似，这增加了记忆难度。

① 英文原名 *The Twelve Days of Christmas*，是一首经典的圣诞颂歌，歌曲唱的是从圣诞节（12 月 25 日）到 1 月 5 日的十二天内，人们按习俗互赠礼物。——译者注

你能编几句类似打油诗的短句来辅助记忆吗？

在下面的空白处写下你编的短句。

完成了吗？试一试吧，看看明天你是否还能按顺序写下这些东西。或许在下周你还可以再试一次。

3.15 记忆随机信息

下面的清单由一些不相关的事实、词语等混杂而成，试着用学过的记忆策略记住这个清单。

悬挂式滑翔运动的艺术

流畅悦耳的

1932 年 8 月 10 日，乐高公司成立

抽绳袋里的三只章鱼

QWERTY4567

阿巴乐队的单曲《妈妈咪呀》

腹腔神经丛

伊丽莎白一世

让你尖叫的冰激凌

Alfa, Bravo, Charlie, Delta[①]

① 北约音标字母（NATO phonetic alphabet），正式称为国际无线电通话拼写字母（International radiotelephony spelling alphabet），用代码字表示 A 到 Z 共 26 个字母和 0 到 9 共 10 个数字，广泛应用于军事、民航等领域。Alfa, Bravo, Charlie, Delta 分别代表字母 A,B,C,D。——译者注

准备好后，看看你能否在下面的空白处按顺序写下这10个短语。

你的表现如何？在24小时后换张纸再试一次，如果这对你来说变困难了，就花点时间再记一次。然后在3天后再次尝试。

3.16 记忆力测试

你对本章的记忆任务感觉如何？现在是检验成果的时候了。下面的每个问题都与之前的记忆练习有关，试着先不看答案，回答这些问题。参考答案在本书最后的部分。

1．人体最大的肌肉是哪块？

2．在十二位英国君主的名单上，有几位国王的王号是“爱德华”？

3．谁赢得了 2000 年奥运会的男子百米跑金牌？

4．木星最大的卫星叫什么？

5．赢得 2010 年奥斯卡最佳导演奖的导演的获奖作品是什么？

6．镫骨肌在人体的哪个部位？

7．你能写出之前记过的以 F 开头、n 结尾的长英语单词吗？

8. 《哈利·波特与魔法石》在何时出版？

9. 粉色的鸽子偷了什么？

10. 哪块肌肉以拉丁语中的“裁缝”一词命名？

11. 以下哪个行星没有卫星？
    - ▶ 土星
    - ▶ 金星
    - ▶ 海王星

12. 虽然当时并没有要求你记忆，但是你还记得英国的第一位君主是在哪一年登上王位的吗？

如果你回答出了上述的问题，试着回答下面这些更难的问题吧，你可以把你的答案写在一张白纸上。

- ▶ 列出你能想起的园艺步骤，越多越好。
- ▶《圣诞节的十二天》这首歌里提到的十二样东西分别是什么？按顺序写下来。
- ▶ 从伊丽莎白二世开始，按时间倒序写出十二位英国君主的名字。

第四章

记忆宫殿

踏入记忆宫殿

他闭上眼，神情严肃专注；他的手在空中挥舞，似乎握住了什么东西，接着又把它们推开，如此反复。在旁观者的眼里他就像个疯子。最后他睁开了眼睛，眉头不再紧皱——夏洛克·福尔摩斯利用他脑中的记忆宫殿拼凑起一条条线索，解决了又一个扑朔迷离的悬案。BBC 出品的电视连续剧《神探夏洛克》[①] 中的这一幕为我们展现了记忆宫殿的力量。这看起来像是科幻小说中才会出现的情节，其实恰恰相反，这是有科学依据的事实。在前面的章节中你已经挑战了你的短期、长期记忆力，学习了一系列的记忆策略，现在你可以像福尔摩斯那样，踏入自己的记忆宫殿了。

古老的智慧

2500 多年前，古希腊诗人西摩尼德斯首创了记忆宫殿法，当时那群雄辞善辩的大人物们便选择用这种方法记住他们的演讲稿，说书人也会用这种方法记住形形色色的神话传说、史诗故事，以作与人交易时的谈资。现在你将同他们一道，揭开这种强大记忆术的神秘面纱。

---

①《神探夏洛克》（*Sherlock*）是英国广播公司自 2010 年出品的电视系列剧，由史蒂文·莫法特、马克·加蒂斯主创，本尼迪克特·康伯巴奇、马丁·弗瑞曼搭档主演。——译者注

记忆大师

记忆大师们超群的记忆力并非与生俱来，他们所使用的记忆术历经了时间的考验，历久弥新。记忆宫殿法就是世界上最古老的记忆术之一。

在开始创建记忆宫殿之前，你得先把诸如“我的记忆力天生就差”等这些杂念从大脑中清空。关于记忆的储存与调用，福尔摩斯能做到，古希腊的诗人先哲们能做到，现代的记忆大师们能做到，你也一样能做到！你只是需要掌握方法。

至尊术①

记忆宫殿就是你脑中的地图，它可以是任何一座你熟悉的建筑，当你朝着既定的路线往里走时，能凭着周围的标志性物体回忆起你想记住的东西。记忆宫殿类似于一个图书馆，你可以在脑海中沿着那条路线走过这座图书馆，在那些储存了特定记忆的地方停留。

记忆宫殿法如此有效，在于它充分利用了海马体的所

① 此处原文“One Exercise To Rule Them All”化用了英国作家托尔金的作品《指环王》（*The Lord of the Rings*）开头的诗句“One ring to rule them all”（至尊戒，驭众戒）。——译者注

有功能，同时与参与处理感官信息、工作记忆，甚至导航的众多其他脑区协同合作。在这个过程中，你将：

▶ 从前面的章节中汲取新的灵感。

▶ 当你想将新的言语信息转化为视觉信息时，运用你的工作记忆来记住你所设想的场景。

▶ 运用分块记忆法，将多个信息组合成一个连贯的图像。

▶ 运用联想记忆，用储存在长期记忆中的已知物与新的事物形成链接。

这是一个进行精细编码的过程。这种策略让大脑中待记忆的信息更加活跃，更易于记忆。

在之前的章节中，你已经或多或少地接触过这种类型的练习，从而能够在此基础上逐步开始构建自己的记忆宫殿了。

记忆工作坊

古希腊人创造了记忆宫殿法，或许他们自己都没有意识到，这种记忆方法调动了海马体的所有关键功能：高度精细记忆图像的生成、多条信息之间联系的建立、多个地点之间的空间导航以及对新记忆的巩固，以确保它们能融入长期记忆区。

这并非巧合，所有这些功能使得海马体能为我们身处的环境构建一个动态、强适应性的认知地图。海马体能够迅速与外部建立新的联系，将新经历嵌入我们现有的知识体系中，因此海马体生成的这些认知地图对我们来说至关重要，在这个复杂多变的时代，只有不断地整合长期以来学习的知识与储存的记忆，我们才能游刃有余地应对外界的挑战。

海马体是脑区网络的中心枢纽，负责长期记忆和导航定位。与运用其他记忆法的人相比，掌握记忆宫殿法的人在进行记忆时，大脑激活和连接状态都在变化。具体而言，海马体与大脑网络中其他支持记忆的区域的联系变得更加紧密，这些大脑活动的变化都能让长期记忆能力更趋完善。即使仅仅接受了六周的训练，记忆新手大脑中记忆网络的激活模式也会变得与那些有经验的记忆大师更加相似，这彰显了大脑非凡的学习能力。

保持专注

你是否经常对自己说“我等会儿再记”？离开校园后，我们似乎不再需要记住关于某一特定主题的大量知识了，因而当我们工作时，记忆系统大多以一种无意识的状态运作，我们可以在脑海中记住一些待办事项，不过现在有许多记忆辅助工具、手机软件也可以替我们做到这一点。

正因这些第三方记忆辅助手段的存在，迫不得已用大脑进行记忆在很多情况下已成过去式，这就是我们遇到的第二个难关：我们总是忘记留出一些时间将新信息纳入我们的记忆宫殿。可是即便忙到目不暇接，我们也要抽出一些时间消化这些信息。

可能你还记得前几章的内容，我们短期记忆中的大多数内容都不会变成长期记忆，而注意力的不断转移会再次阻碍短期记忆向长期记忆转化。在日常生活中留出一些时间构建你的记忆宫殿，刚开始可能有点困难，但适应后就会变得越来越容易，即便只是留出很短的一段时间也能帮助你的大脑保持状态。

定位

现在你要开始构建记忆宫殿了，先了解一下所需的东西。

首先，你需要在脑海中摹画一个场景，其中包含一组相互独立的地点，来作为记忆的“位点”（Loci），这个场景应是你所熟悉的，这样你就可以轻松地在脑内勾勒画面了，它可以是你的房子、办公室、熟悉的杂货店、火车站、学校等。它并不一定是一座宫殿，只要是你熟悉的地方都可以。

记忆宫殿的基本场景搭建完成后，下一步就是选择你的“位点”了。这些“位点”可以是厨房柜台、冰箱、餐桌或者其他任何可以通过自由走动到达的地方。

接下来就是构建固定的路径，即从一个“位点”到下一个“位点”的路线，用于引导你穿越记忆宫殿。场景、位点和预设路径就是构建记忆宫殿的基础，是你心灵图书馆里的书架。因而这种方法也被称为“轨迹记忆法”[①]或“记忆之旅”[②]。

记忆的家具

一旦你能在脑海中轻松描绘记忆宫殿的场景，并且能够顺着设好的路径穿梭于各个位点之中，是时候用记忆装

① 英文为 Method of Loci。——译者注

② 英文为 Memory Journey。——译者注

点你的宫殿了。

记忆宫殿中的每一个位点就是一个记忆储存处。先从你想长期记住的某条信息开始，比如某个购物清单，你要做的就是沿着预设的路径，在到达一个位点时，从这个清单中选择一项物品，并将其转化为与当前位点相联系的心理图像，然后再“走”到下一个位点。

由于之前你已经构想好了场景、位点和路径，所以在储存记忆时工作量相应减少了很多，这是一个优势。每当你想记起这些信息时，就可以从头到尾回溯一下你的路径，在位点之间漫步时检索你在某个地方储存的记忆。

这听起来可能有些玄乎，让我们看个应用实例。

牛刀小试

记忆的路线图

在进行下面的练习时，可以选择一个你熟悉的场景，比如你的家，然后可以用不同的房间存放你的记忆，这样会容易很多。

我们先从一个简单的日常任务开始：记住购物清单。

去商店购物前，很多人都会事先写下自己要购买的物品，确保在购物时不会遗漏，如果你学会了用记忆宫殿法记住这些物品，那么以后就不需要把它们写下来了。

首先，我们来建造一座宫殿。

▶ 第一步，选择一个你熟悉的场景。这一步你已经完成了：你已经选择了你的家作为场景。

▶ 第二步，确定位点。这些位点可以是你家中的房间：走廊、起居室、厨房、浴室或卧室都可以。如果你家没有那么多房间，也可以单独在某个房间里选择位点，比如房间里摆放的家具。你还可以选择另一座建筑做位点，比如你的学校。

▶ 第三步，在脑海中绘制在多个位点之间移动的路径。你可以从走廊开始，然后走到起居室，穿过厨房，最后走到卧室。这样，记忆宫殿的支架就已经搭好了。

现在花点时间记住你的记忆宫殿，记住里面的每一个位点和路径，越熟悉越好，最好让你能够在没有任何意识的情况下回想起来。如果这座记忆宫殿是基于你现实生活中的地点和路线构建的，那么记住它就会容易得多，因为大部分的位点你都已经记住了，只需要在脑海中回溯一下路径。

记住一座记忆宫殿听起来可能很难，但关键在于你只需要记这么一次，这一切只是为了给未来的记忆任务搭建一个支架，一旦建成就可以永远使用。

当然，某一天你现有的记忆宫殿可能会不够用，这个时候就可以通过增加位点、增加房间来扩充宫殿，甚至最终你或许需要搬到新的记忆宫殿中去。

追随地图前进

在利用记忆宫殿进行记忆之前，按预设的路径在里面走一圈，在经过的每一处位点放上你想记住的东西。

此时就需要你发掘深藏在你内心里的艺术基因，为每件物品勾勒出独特的心理图像，让记忆变得生动形象、细节丰富，让其与众不同。发挥创造力，描绘一幅有趣、迷人的画面，或者是一个心理小电影。你的想象力是无限的，将新的信息与一些令人惊讶的、好玩的或对你有意义的东西联系起来就会形成一个独特的画面，帮助你屏蔽外界干扰，与遗忘作斗争。

你需要记住的购物清单如下：

茄子
六个苹果
酸奶
咖啡
鸡肉

现在让我们把它们放到记忆宫殿里：

- ▶ 进入宫殿，你最先看到的是走廊的一张桌子，上面放着一个花瓶，花瓶里放着茄子。
- ▶ 走到起居室，你看到六个苹果在你的沙发上跳来跳去。
- ▶ 走到厨房，你看到酸奶从冰箱里撒了出来，一地狼藉。
- ▶ 走到浴室，你看到你的浴缸或淋浴器被咖啡渣堵住了。
- ▶ 最后你走到了卧室，看到一只鸡在里面跑来跑去，羽毛在空中飞舞。

你还可以将感觉融入记忆中，进一步强化记忆。你或许会听到小鸡焦躁不安的咯咯声、苹果蹦跳时激动的尖叫声，闻到咖啡的醇香，摸到从冰箱中溢出的冰凉的酸奶——这些图像越生动，就越有可能留存在你的脑海中，这个过程结合了视觉、听觉、嗅觉等多种感官，是最棒的记忆编码过程，也是创造丰富且持久记忆的有效工具。

重复这段旅程

最后，当你去商店购物时，只需要从头开始，按路径在你的记忆宫殿里穿梭，就可以记起清单中全部的物品。

从走廊开始，从一个位点走到下一个位点，观察并仔细搜索每个场景。

每个地点都是线索，能够帮你回忆起相关的信息。此时你已经成功创建了一个长期保留在记忆中的记忆宫殿。

4.1 建设你的宫殿

你是否已经为自己的记忆宫殿挑好了位点？先在纸上列出五个你熟悉的地点，并按访问顺序排列这些地点。你可以列出家中的不同房间，也可以列出房间中的物体。

► ____________________

► ____________________

► ____________________

► ____________________

► ____________________

现在你得记住一条同时连接这五个位点的路线，把它刻在你的脑海里以便随时调用，就像记住自己的名字一样自然。这样一来，你就有了一个可靠的记忆触发器。

4.2 购物清单

接下来试着运用记忆宫殿记住下面的购物清单，尝试在每个位点和你要记忆的物品之间建立联系。

三明治
报纸
意大利面
西红柿
橄榄油

将这些物品储存在你的记忆宫殿里，把第一个物品放到第一个位点，把第二个物品放到第二个位点，以此类推。准备好后盖住上面的清单，看看你能否想起这五个物品。十分钟后再试一次，看看是不是还能够轻易想起来。

4.3 扩建宫殿

现在让我们来为你的记忆宫殿再增加五个位点，以便储存更多的信息。如果之前构建的场景基于真实地点，再加五个房间可能不太现实，在这种情况下，你可以引入一些虚构的房间（加个王座室[①]怎么样？），或者把现有的房间与另一个你熟悉的地点连接起来。你也可以根据房间中的物体来划分房间——厨房里可能有桌子、冰箱、灶台等，这些都是独立的位点。

- ▶ ______________________
- ▶ ______________________
- ▶ ______________________
- ▶ ______________________
- ▶ ______________________

现在，记住你在所有房间中的路径，重复走相同的路线可以帮助你记住所有的位点，由此你也能够轻松记住清单物品的顺序了。

① 王座室(Throne room)，是在宫殿或城堡之中为君主设置的带有王座的房间，王座通常比地面高并带有台阶，上覆华盖。——译者注

4.4 购物清单（升级版）

在练习 4.2 中，你要记住一张包含 5 个物品的购物清单。看看你是否有进步吧，下面的清单包含了 10 个物品，试着记住它们。

三明治
报纸
意大利面
西红柿
橄榄油
牛奶
橙汁
酸奶
玉米片
甜甜圈

准备好后把上面的清单盖上，看看你能不能在一张白纸上把 10 个物品全部写下来。重复此练习，直到能够把 10 个物品全部记住为止。

4.5 记住人物

下面列出的是童话《柳林风声》[1] 中的 8 个角色，按照特定（但无意义）的顺序排列。看看你要花多长时间利用记忆宫殿记住这些角色及其顺序。

鼹鼠
水獭
獾先生
潘神
狱卒的女儿
水鼠
蛤蟆先生
胖胖

准备好后把上面的清单盖住，看看你是否能在一张白纸上按顺序写下这 8 个名字。

① 英文原名 *The Wind in the Willows*，是英国作家肯尼斯·格雷厄姆（Kenneth Grahame）创作的童话，发表于 1908 年。——译者注

4.6 勇攀高峰

下面是世界十大高峰的名单，按海拔降序排列。试着用记忆宫殿记住它们。

珠穆朗玛峰
乔戈里峰
干城章嘉峰
洛子峰
马卡鲁峰
卓奥友峰
道拉吉里峰
马纳斯鲁峰
帕尔巴特峰
安纳普尔纳峰

准备好后把上面的名单盖住，30 分钟后，在一张白纸上按顺序写出世界十大高峰的完整名单。

扩建宫殿

如果你想记住更长的购物清单，那么你就得对你的记忆宫殿进行扩建了。

或许最好的办法是将信息绑定在房间中的家具上，以这种方式增加位点。为方便记忆，你还可以按照顺时针方向在房间里走动。

排序技巧

在记忆无序清单（比如购物清单）时，把相关的物品（比如杂货店里那些相似的商品）放在同一个房间对记忆会很有帮助。这样会使在不同位点之间的走动更加自然，而且你清楚地知道每个房间代表着什么。

此外，按照记忆顺序将物品放到购物车中，这会大大简化购物过程。你可以跟随脑中的记忆路径拿取商品，而不用在商店里像无头苍蝇一样来回走。

4.7 记忆挑战

下面是一些比较复杂的短清单，看看你能否用已掌握的记忆技巧记住它们。你可以将单个的词语、字符块分解成更小、更易记忆的“记忆块”，在记忆电话号码或长单词时你应该也用过这个技巧！

清单 1 威尔士语单词

看看下面这四个威尔士语单词及其释义，试着记住它们。准备好后把它们盖住，看看你能不能在一张白纸上把它们写下来。

rhyngwladwriaethol 国际的
camddealltwriaeth 误解
anghyfansoddiadol 违宪的
llongyfarchiadau 祝贺

清单 2 长数字

看看你能否把下列两串长数字记住。准备好后把它们盖住，在一张白纸上把它们写下来。

2648024640624
6593750573051

清单 3　复杂代码

看看你能否把下列两串无意义的复杂代码记住。准备好后把它们盖住，在一张白纸上把它们写下来。

UD30LGN4894H
8403NF9J2LDJR

4.8 更进一步

现在，扩建你的记忆宫殿，让它包含 15 个位点。当然，你也可以建个新的记忆宫殿，记忆大师们通常有许多不同的记忆宫殿，他们甚至会为某种类型的信息而量身定做一座宫殿。

现在试着记住下面这个包含 15 个物品的清单。

杂志
扶手椅
斑马
方向盘
壁炉
笔记本电脑
机场
浴室防滑垫
园艺工具
词典
折梯
考拉
羽毛
意式面食
卷尺

4.9 整理行装

花几分钟时间记住下面这个度假行李清单。

纸牌游戏
太阳眼镜
护照
防晒霜
泳装
毛巾
书籍
外币
笔记本
急救包
车票
旅行指南

准备好后，等 1 个小时，接着把上面的清单盖起来，看看你能否按顺序回忆起上面的清单。你记住了多少？

4.10 另类宫殿

下面是一些可能会出现在记忆宫殿中的房间，以及每个房间中的一件物品。

用下面这些房间，而非用你自己的记忆宫殿，看看你能否将这 10 件物品置于其中。准备好后根据下一页列出的这些房间，你能否回忆起放置在这个临时宫殿中的物品。

门廊—雨伞

走廊—狗

地下室—工具箱

厨房—手机

客厅—枕头

餐厅—巧克力

卧室—洋葱

浴室—笔记本电脑

楼梯—词典

杂物室—奶酪

准备好了吗？翻到下一页，看看你是否能穿梭于宫殿之中，并且回忆起与之对应的 10 件物品。

门廊	走廊	地下室
厨房	客厅	餐厅
卧室	浴室	楼梯
	杂物室	

更上一层楼

在下一个练习中，你要记住世界上一部分国家的首都。你可以利用在记忆购物清单时使用的位点，也可以重新构建位点，甚至选择新的场景。这个练习的难点是如何将这些国家和城市名转化为心理图像，这比记忆购物清单更具有挑战性，因为你需要记住的内容更抽象了。

位点示例

以浴室为例，你可以将浴缸和洗手池设为两个位点。

- 在记忆土耳其（Turkey）及其首都安卡拉（Ankala）时，你可以想象自己在浴缸里用火鸡（turkey）拉一个锚（anchor）。将陌生的单词和发音相似、自己又熟悉的物体联系起来，对抽象新事物的可视化过程大有帮助。

- 在记忆智利及其首都圣地亚哥时，你可以想象《阿拉丁》（*Aladdin*）中的鹦鹉艾格（Iago）在发现一只火鸡后，走到了浴室的洗手池边，在里面的沙堆中寻找一个辣椒。[①] 这一幕同样非常荒谬，但画面越奇怪，越出人

① 智利，在西班牙语中读作“Chile”，在读音和词形上和“辣椒”的英文“chili”都相似。圣地亚哥西班牙语为“Santiago”，可拆分为“sant”和“iago”，前者和“沙子”的英文“sand”在读音和词形上类似，后者则与迪士尼电影《阿拉丁》（*Aladdin*）中的鹦鹉艾格（Iago）一样。——译者注

意料，就越有可能刻在你的脑海里。这些记忆块中的每一块，不管是鹦鹉、辣椒还是沙子，都可以作为帮你回忆起完整场景的提示，最终能够帮助你回忆起需要记住的信息。

如果你觉得这个练习没什么挑战性，可以试着在记忆时把同一大洲的国家和城市放在同一个房间里。

在进行该项练习后，你会发现相比从前，这个新的技巧提高了你记忆国家和城市的效率。

人脑擅长的多种功能（比如心理图像、联想和空间导航）可以在你进行这项练习时起到一定的作用，比如在位点之间行走时，如果你忘记了一些信息，记得修改一下脑内的图像，以便下次更好地记住这些国家和城市。

4.11 国家与首都

下面是一份包含 15 个国家及其首都的清单，试着记住这些国家和城市的名字，不用记住它们的顺序。如果你打算利用记忆宫殿进行记忆，可以按照自己的意愿重新排序。

智利：圣地亚哥
哥斯达黎加：圣何塞
厄瓜多尔：基多
斐济：苏瓦
加纳：阿克拉
立陶宛：维尔纽斯
马耳他：瓦莱塔
尼日利亚：阿布贾
坦桑尼亚：多多马
巴基斯坦：伊斯兰堡
苏丹：喀土穆
斯威士兰：姆巴巴内
斯洛文尼亚：卢布尔雅那
土耳其：安卡拉
乌兹别克斯坦：塔什干

准备好后，试着遮住清单的右侧，看看自己能否在看到国家名时回忆起首都。接着反过来试试，在看到首都名时是否能回忆起对应的国家？

4.12 语言与“记忆”

下面是不同语言中的“记忆”一词，用刚刚学过的记忆技巧记住这些词语，准备好后把它们盖起来。

法语：mémoire
西班牙语：memoria
挪威语：hukommelse
斯瓦希里语：kumbukumbu
波兰语：pamięć
威尔士语：cof
斯洛文尼亚语：spomin
爱尔兰语：cuimhne
夏威夷语：ho'omana'o
萨摩亚语：manatua

在盖住上面的词语表后，看看你能否回忆起那些单词。不同语言单词的首字母已按顺序给出，可供参考：

m m h k p c s c h m

4.13 记住小行星

可能在小时候，你学过一两句能帮你记住太阳系中的行星的顺口溜。但是你是否记得太阳系中的小行星呢?

下面是小行星带[①]中的20颗小行星（除了谷神星是矮行星[②]，其余都是小行星[③]）名单，其中的一些对你来说可能比较熟悉，其他的则比较陌生。试着记住这些小行星，你可以反复记忆，如果觉得有些困难，可以在中途休息一会。

1. 谷神星	2. 灶神星
3. 智神星	4. 健神星
5. 小行星 704	6. 掳神星
7. 小行星 511	8. 林神星
9. 司法星	10. 丽神星
11. 小行星 451	12. 婚神星
13. 原神星	14. 小行星 324
15. 尽女星	16. 命神星
17. 灵神星	18. 大力神星
19. 昏神星	20. 香女星

① 英文为 Asteroid belt，是太阳系内介于火星和木星轨道之间的小行星密集区域，98.5% 的小行星都在此处被发现，是小行星最密集的区域。——译者注

② 英文为 Dwarf planet，或称“侏儒行星”，体积介于行星和小行星之间。——译者注

③ 英文为 Asteroid 或 Minor planet，是指太阳系内类似行星环绕太阳运动，但体积和质量比行星小得多的天体，绝大多数的小行星都集中在火星与木星轨道之间的小行星带。——译者注

4.14 关于小行星

在练习 4.13 中你已经记住了 20 个小行星的名字，现在花些时间记住下列这些与前 4 个小行星有关的信息。后面会有关于这些信息的问题。

1. 谷神星（Ceres）是太阳系中最大的小行星，以罗马神话中的农业女神命名，直径为 939 千米，被定义为一颗矮行星。

2. 灶神星（Vesta）是从地球可以看见的最亮的小行星，于 1807 年被发现，约占小行星带质量的 9%。

3. 智神星（Pallas），又名帕拉斯，以希腊女神雅典娜的另一个名字命名，运行轨道不同寻常，这使得宇宙飞船很难造访该星。

4. 健神星（Hygiea）是近乎完美的球形，是这 4 颗小行星中离太阳最远的一颗，以希腊神话中的健康女神命名，英文中的“卫生（hygiene）”一词也源自她。

4.15 记忆美国各州首府

你可能已经对美国五十个州的名字比较熟悉了——如果你还不知道，现在也可以了解一下。下面是所有州的州名及其首府的名称，利用已掌握的记忆技巧，尽可能把它们记住，可以进行反复记忆，以巩固记忆效果。

准备好后，在白纸上测试一下记忆效果。

- 亚拉巴马州—蒙哥马利
- 阿拉斯加州—朱诺
- 亚利桑那州—菲尼克斯
- 阿肯色州—小石城
- 加利福尼亚州—萨克拉门托
- 科罗拉多州—丹佛
- 康涅狄格州—哈特福德
- 特拉华州—多佛
- 佛罗里达州—塔拉哈西
- 佐治亚州—亚特兰大
- 夏威夷州—火奴鲁鲁
- 爱达荷州—博伊西
- 伊利诺伊州—斯普林菲尔德
- 印第安纳州—印第安纳波利斯
- 艾奥瓦州—得梅因
- 堪萨斯州—托皮卡
- 肯塔基州—法兰克福
- 路易斯安那州—巴吞鲁日
- 缅因州—奥古斯塔
- 马里兰州—安纳波利斯
- 马萨诸塞州—波士顿
- 密歇根州—兰辛
- 明尼苏达州—圣保罗
- 密西西比州—杰克逊
- 密苏里州—杰斐逊城
- 蒙大拿州—海伦娜
- 内布拉斯加州—林肯
- 内华达州—卡森城
- 新罕布什尔州—康科德
- 新泽西州—特伦顿

- 新墨西哥州—圣菲
- 纽约州—奥尔巴尼
- 北卡罗来纳州—纳罗利
- 北达科他州—俾斯麦
- 俄亥俄州—哥伦布
- 俄克拉何马州—俄克拉何马城
- 俄勒冈州—塞勒姆
- 宾夕法尼亚州—哈里斯堡
- 罗得岛州—普罗维登斯
- 南卡罗来纳州—哥伦比亚
- 南达科他州—皮尔
- 田纳西州—纳什维尔
- 得克萨斯州—奥斯汀
- 犹他州—盐湖城
- 佛蒙特州—蒙彼利埃
- 弗吉尼亚州—里士满
- 华盛顿州—奥林匹亚
- 西弗吉尼亚州—查尔斯顿
- 威斯康星州—麦迪逊
- 怀俄明州—夏延

4.16 不常用的词语

下面有 13 个不太常用的词，对应的释义也已经给出，试着把它们记住。有些词很复杂，记得积极调动你所掌握的记忆技巧。

准备好后，看看你能否回答后面的问题。

ANGUILLIFORM 鳗状的，像鳗鱼一样的

QUIRE 一刀纸（含 25 张）

YARBOROUGH 没有大于 9 点的一手（13 张）牌

OCTOTHORP # 号

AGELAST 不苟言笑的人

PERISTERONIC 与鸽子有关的

BORBORYGMUS 腹鸣

FUNAMBULIST 走绳索的杂技演员

ORTANIQUE 柑和橘的杂交种

RUBIGINOUS 锈的；赤褐色的

SESQUIPEDALIAN 冗长的；啰唆的

TRISKAIDEKAPHOBIA 13 恐惧症

INCUNABULUM 古籍，古版书

记住前两页的词后，看看下面列出的释义，你能在它们旁边写下对应的单词吗？注意下面的顺序和之前不一样。

与鸽子有关的____________________

古籍，古版书____________________

鳗状的，像鳗鱼一样的____________________

走绳索的杂技演员____________________

锈的；赤褐色的____________________

冗长的；啰唆的____________________

不苟言笑的人____________________

柑和橘的杂交种____________________

腹鸣____________________

13 恐惧症____________________

一刀纸（含 25 张）____________________

没有大于 9 点的一手（13 张）牌____________________

号____________________

4.17 回忆首府

在练习 4.15 中，你记住了美国 50 个州及其首府的名字，现在你是否还记得呢？

首先看看自己是否能回忆起名单上的前 10 个州及其首府。

- ▶ ______________________________
- ▶ ______________________________
- ▶ ______________________________
- ▶ ______________________________
- ▶ ______________________________
- ▶ ______________________________
- ▶ ______________________________
- ▶ ______________________________
- ▶ ______________________________
- ▶ ______________________________

你记得下面的这些城市分别是哪个州的首府吗？

奥尔巴尼
奥古斯塔
火奴鲁鲁
林肯
纳什维尔
塞勒姆
托皮卡
特伦顿

你记得下面这些州的首府吗？

怀俄明州
弗吉尼亚州
马里兰州
爱达荷州
佛罗里达州
蒙大拿州
犹他州
俄亥俄州

完成后翻到练习 4.15，对照看看你做得怎么样。

4.18 记忆狗的品种

到目前为止，你的记忆宫殿已经稳扎在你的脑海中了，现在试着利用它来记住下面这个有关狗的品种的清单，花多长时间都可以。准备好后，把清单盖住，看下面的任务。

阿富汗犬	卡尔比犬
比格犬	拉布拉多犬
拳师犬	马士提夫犬
斗牛犬	杜宾犬
吉娃娃	指示猎犬
可卡犬	博美犬
柯利牧羊犬	贵宾犬
腊肠犬	哈巴犬
达尔马提亚犬	寻回犬
猎狐犬	雪纳瑞犬
大丹犬	塞特猎犬
灰猎犬	牧羊犬
哈士奇	银狐犬
杰克罗素梗	㹴犬

把上面的清单盖住后，你是否还记得这28个狗的品种名？在一张白纸上写下这些品种的名字。

4.19 莎士比亚十四行诗

到目前为止，本章节的练习都停留在词语层面，包括生活中常见的词语和不经常使用的词语，你需要利用记忆宫殿来记忆这些词语。然而记忆大段的段落时又会如何呢？尝试记住下面这首莎士比亚十四行诗中的第十八首。

准备好后，把它盖住，按下页的指示去做。

我如何将你比作夏天？
你比它更可爱也更温婉。
狂风会吹落五月娇嫩的花蕊，
夏日明媚的租期也太过短暂。
太阳有时照得过分热烈，
黯淡了它那耀金的面庞。
所有的美好都会凋零，
因循自然那无常的天道。
但你的长夏将不会褪色，
你如画的眉目也不会消亡。
死神也无法将你幽禁于阴影中，
因你于诗行中寻得了永恒。
只要人眼能看，人口能呼吸，
此诗将不朽，使你永生。

把上页的诗盖住，回答下列问题。

1．这首诗有多少行？

2．诗中提到了哪个月份？

3．诗中提到了几次夏天？

4．这首诗的最后一行是什么？

现在看看你是否能凭记忆背诵整首诗。明天你是否还能记得？一周后、两周后，甚至一个月后呢？

4.20 更多韵律

在第三章中，为记住各位英国君主，你自己创作了一首诗。同时，爱德华·李尔的打油诗也向你展示了如何将待记忆的信息融入一首令人难以忘记的诗歌中。有时，诗歌越滑稽可笑，越让人难忘。

相对来说，有一定韵律的打油诗更易于记忆。现在看看你能不能创作一首有关猫头鹰的打油诗，其中应或多或少包含以下信息。

- 猫头鹰是夜行动物，在夜间非常活跃
- 猫头鹰主要分两科：真猫头鹰科和谷仓猫头鹰科
- 猫头鹰宝宝被称为小猫头鹰
- 猫头鹰是一种独居动物，很少成群结对①

① 原文为“A group of owls is known as a parliament.”在西方文化中，猫头鹰自古以来就代表着知识与智慧，是希腊神话中的智慧女神雅典娜的象征。实际上，猫头鹰是一种独居动物，很少成群结队。20 世纪 50 年代，英国作家刘易斯（C.S.Lewis）创作的系列奇幻小说《纳尼亚传奇》（*The Chronicles of Narnia*）中描述了“猫头鹰的会议（A Parliament of Owls）”，随着该书的流行，这种说法也就为大众所接受。——译者注

▶ 姬鸮[①]是世界上最小的猫头鹰

▶ 猫头鹰的双目呈管状，而非球状，不会转动，所以猫头鹰只能直视前方（不过它们可以转头）

下面是一首爱德华·李尔的打油诗，或许你可以借鉴它的结构：

有个老人在邓布利（Dumbree），
想教小猫头鹰喝茶 (drink tea)；
他说："吃老鼠不好也不合适。"
这就是这位和蔼善良的邓布利人 (Dumbree)。

现在，创作你自己的打油诗吧。

____

____

____

____

① 姬鸮 [xiāo]，英文为 elf owl，是墨西哥和美国西南部美洲沙漠地区的一种小型猛禽，大小如麻雀，是世界上最小的猫头鹰。——译者注

4.21 语篇记忆

下面的这封信摘录自玛丽·雪莱[①]的小说《弗兰肯斯坦》[②]，首先通读一遍，然后尽可能地记住细节，读完后翻到下一页。

收信人：英格兰的萨维尔夫人

17XX 年 12 月 11 日 圣彼得堡

曾被你视为危机四伏的探险之旅如今已顺利展开，获悉这些你必定甚为欣慰。我昨日到此，首要任务就是向我亲爱的姐姐报平安，以提升你对我探险成功的信心。

我已经到达伦敦以北很远的地方，当我漫步于圣彼得堡的街头，一丝寒冷的北风迎面吹来，让我为之一振，精神抖擞。你能理解这种感觉吗？这微风来自我正要前往的地方，它让我提前体会了一下那里冰天雪地的气候。这股希望之风激发了我的灵感，我的梦想变得越发强烈和清晰。我试图说服自己，极地是冰天雪地、荒无人烟之地，却总是徒劳。在我的想象中，它总是呈现出一派美丽、欢乐的景象。

---

① 玛丽·雪莱（Mary Shelley），英国著名小说家，于 1818 年创作了文学史上第一部科幻小说《弗兰肯斯坦》，被誉为科幻小说之母。——译者注

② 《弗兰肯斯坦》（*Frankenstein*），是英国作家玛丽·雪莱在 1818 年创作的长篇小说，是世界第一部真正意义上的科幻小说。——译者注

现在把上一页的信盖起来，回答下列问题：

1. 这封信是写给谁的？

2. 信上的日期是多少？

3. 这封信要寄到哪个国家？

4. 写信人于何时到达圣彼得堡？

5. 写信人到达后的“首要任务”是什么？

6. 你认为写信人和收信人是何种关系？

7. 写信人说他在哪个城市北边很远的地方？

8. 写信人在信中问了收信人什么问题？

9. 在这封信的最后一行，写信人是如何描述他想象中的北极的？

4.22 姓名游戏

如果你觉得你已经能够熟练使用记忆宫殿进行记忆，那么你可以尝试突破自己，在练习的过程中试着缩减将每个信息融入记忆宫殿的时间。

用你觉得最适合的记忆技巧花 5~10 分钟记住下面的人名，准备好后，把名单盖上。

- 玛丽
- 山姆
- 胡安
- 艾拉
- 菲比
- 普莉提
- 米娜
- 埃贾克斯
- 索菲娅
- 芬恩
- 安娜
- 伊扎克
- 希安
- 黛娜
- 劳尔
- 亚瑟
- 碧翠丝
- 迈卡
- 阿里
- 波比
- 布莱妮
- 莫莫
- 卢卡什
- 梅里达

现在，你能想起多少个名字？

4.23 熟能生巧

用 10 分钟的时间，利用记忆宫殿记住下面这个清单。

相框
台灯
面包
割草机
扑克牌
盆栽
胶带
汽车钥匙
袜子
缝纫机
计算器
洗衣篮
蹦床
鞋带
闹钟
卷笔刀
雨伞
牙膏
耳环

看看明天你是否还记得整个清单。

4.24 记忆力测试

你对本章中的练习掌握程度如何？下面的每个问题都与本章中的一个练习有关，看看你在不返回看答案的情况下能答对多少。参考答案在本书最后的部分。

1. 威尔士语中表示“祝贺”的词是什么？

2. 哪颗小行星在夜空中最亮？

3. 世界第五大高峰是哪座？

4. 缅因州的首府是？

5. 哪个词义为“鳗状的，像鳗鱼一样的”？

6. 斯洛文尼亚语中“记忆”一词是？

7. 哪种猫头鹰是世界上最小的猫头鹰？

8. 前面的练习中，有13个不太常用的词，其中哪一个词专门提到了数字“13”？

9. 在《柳林风声》的角色名单中，排在后两位的是哪两个角色？

在回答完上述问题后，完成下列挑战，把你的答案写在一张白纸上。

- 写出在本章前半部分，包含10个物品的完整购物清单。（练习4.4）
- 写出度假时要带的东西。（练习4.9）
- 位于小行星带的20颗小行星（包括矮行星）中，你能想起哪些？（练习4.13）
- 你能想起多少个狗的品种？（练习4.18）
- 你还能背出莎士比亚的十四行诗的第十八首吗？（练习4.19）
- 练习4.23中的日用品清单你还记得多少？
- 你还记得不同语言中“记忆”一词的写法吗？以及它们分别属于哪一种语言？（练习4.12）

4.25 终极测试

回答下列问题，这需要你回忆整本书的内容。

- 这个人的名字是什么？

- 请列出 2000 年至 2004 年这五年获得奥斯卡最佳影片奖的电影。
- 你还记不记得那张包含了“萨拉米香肠”的购物清单里还有些什么别的东西？把它们写下来。
- 你还记不记得那些笑话？把它们写下来。
- 达·芬奇在哪一年创作了素描作品《维特鲁威人》？
- 你还能想起哪些关于日本的词语？
- 海王星最大的卫星叫什么？
- 曾获得奥斯卡最佳导演奖的导演中，你还能记住多少他们的获奖电影？把它们写下来。
- 跟腱又被称为什么？
- 在 1996 年至 2020 年的奥运会上，哪五位运动员赢得了男子百米跑的冠军？

- 协和式飞机于何时首航？写下具体日期。
- 你还记得多少“园艺步骤”清单里的步骤？
- 从伊丽莎白二世开始，按时间倒序写出十二位英国君主的名字。
- 《圣诞节的十二天》这首歌里提到的十二样东西分别是什么？按顺序写下来。
- 写出你学过的四个威尔士语单词及其释义。
- 按海拔降序写下世界十大高峰的名单。
- 美国五十州及其首府名单你还记得多少？把你能记住的写下来。
- 十三个不太常用的英文单词你还记得多少？把你能记住的单词及其释义写下来。
- 背出你写的关于猫头鹰的打油诗。

在这个过程中，你可能还得翻书去寻找上述问题的答案，但如果你能完整回答出以上几个问题，那么你绝对值得一声祝贺——你已经拥有了一座属于自己的记忆宫殿！

写在最后

你走到了最后这一步，是时候为自己感到骄傲了！到现在为止，你已经完成了许多记忆练习，也了解了这些记忆技巧背后的科学原理。最后的挑战就是将之前的所有练习提升到“元”维度：记住那些关于记忆的知识。之前你在这本书中学到的知识都比较复杂抽象，因此很可能被遗忘，你可以试着用记忆宫殿对它们进行巩固记忆。先从引言开始，比如，将海马体想象成鱼缸里的海马拿着掌握你记忆的钥匙，而墙上贴着的一张地铁路线图则可以提醒你，我们的大脑有不同的记忆网络……这种富有创造性的画面无穷无尽，即使一开始你无法想到，通过练习你也很快能够尽情发挥想象力，勾勒出蕴含不同信息的心理图像。记忆大师们往往会构建几十甚至上百个不同的记忆宫殿，用来记忆不同类型的信息。坚持下去，很快你就会有属于自己的记忆宫殿群。

参考答案

在此仅为那些无法一眼看出答案的练习提供参考答案。

1.10 找出变化的图案

变化的图案如下。

1.16 找不同

差异如下。

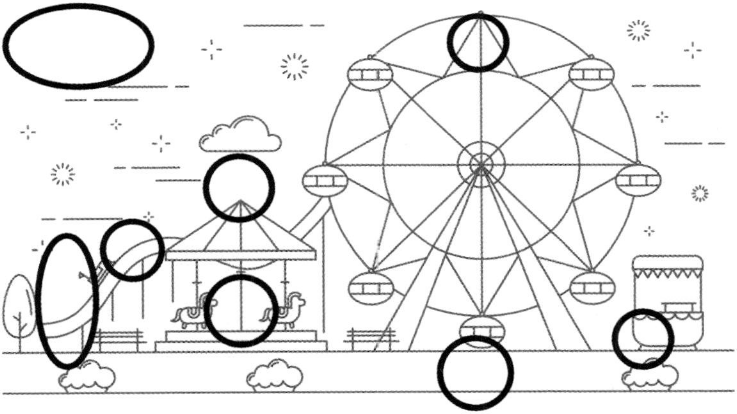

1.17 找出新出现的图案

新出现的图案如下。

1.18 找出消失的图案

消失的图案如下。

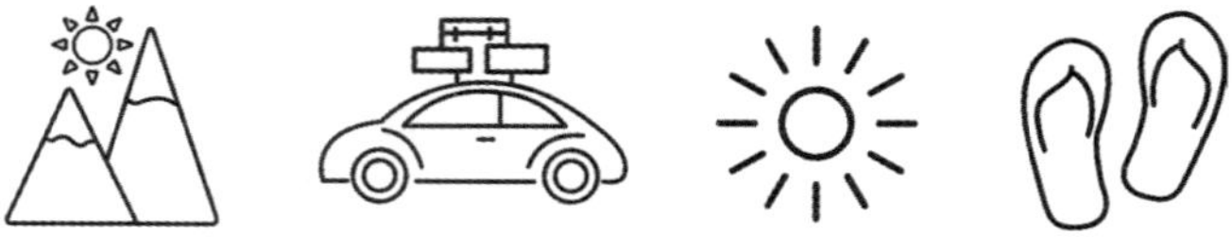

2.11 找不同

两段的不同之处在下面用粗体标出。

有钱的单身汉必得娶个太太。这是一条举世公认的真理。

这条真理已经在**邻里**之间根深蒂固，不论踏入这片地区的单身汉本人怎么想，他都已被标定为邻近单身姑娘们的固有财产。

“我亲爱的班纳特老爷。”**一天**，班纳特夫人对她的丈夫说，“你听说了吗？**奈瑟菲尔德庄园**终于租出去啦！”

班纳特老爷的回答是否定的。

班纳特夫人又说：“确实租出去啦，**朗夫人**去过那里，她告诉我的。”

班纳特老爷**没说话**。

“你难道不想知道是谁租的吗？”他的妻子不耐烦地嚷道。

“你想告诉我，我也不介意听听。”

这句话就够让班纳特夫人继续滔滔不绝了。

2.15 记忆力测试

1. 意大利
2. 1772 年
3. 班纳特先生和夫人
4. 7112
5. “老兄，腰带不错。”
6. 多塞特郡
7. 《角斗士》
8. 克林特·伊斯特伍德
9. GREEN247
10. 有八只鸟：两只猫头鹰和一只大母鸡，四只百灵鸟和一只小鹪鹩。
11. “为什么鼻子没法长到 12 英寸？”
12. 按照给出的顺序，这些元素分别为：磷（1669 年）、钴（1735 年）、铂（1735 年）、镍（1751 年）、镁（1755 年）、氢（1766 年）、氧（1771 年）和钡（1772 年）。

3.11 园艺步骤

可供参考的排序如下。

- 种植蔬菜
- 选择合适的种植地点
- 准备土壤
- 播撒种子
- 防治虫害
- 间苗
- 支撑植物梗茎
- 清除杂草
- 收获
- 烹煮蔬菜

3.16 记忆力测试

1. 臀大肌
2. 两位
3. 莫里斯·格林
4. 盖尼米得（木卫三）
5.《拆弹部队》
6. 耳朵

7. Floccinaucinihilipilification（意为“藐视，轻视；视某物为粪土”）
8. 1997 年 6 月 26 日
9. （红色大狗的）冰激凌
10. （大腿上的）缝匠肌
11. 金星
12. 1707 年

4.24 记忆力测试

1. llongyfarchiadau
2. 灶神星（Vesta）
3. 马卡鲁峰
4. 奥古斯塔
5. anguilliform
6. spomin
7. 姬鹗
8. triskaidekaphobia
9. 蛤蟆先生和胖胖